【現代新聞物語】

私たちは新聞記者

女性の眼で社会を取材

宮城鷹夫・編

ボーダーインク

寒緋桜（八重岳） 早く桜花を愉しむなら沖縄へ。八重岳の桜は１月から３月にかけて、葉より先に紅色の花が半開きに咲きます。山あいの斜面で、紅色鮮やかに咲き誇ります。ヤマトの桜は上向きであるのに、どうして沖縄の寒緋は下向きに咲き乱れるのでしょうか。散るときもポツリと落ちるのです。沖縄の人情を表現しているのでしょうか。八重岳は沖縄八景のひとつです。

イジュの花　沖縄本島中部や北部の山裾でほのかな香りを漂わせて白く密やかに咲く白い花。花中に黄色く身を寄せているのが女ごころでしょうか。《イジュの木の花やあん清らさ咲ちゅい我もイジュやとて真白咲かな》国王の愛妾はイジュ花のように容姿端麗。妃は「私もあのように生まれていたら王の愛情を受けたのに」と、古典曲の「辺野喜節」が清く美しく聞こえます。

サトウキビの花　街外れの畑にはサトウキビが目立ちます。年末から春にかけて、北風を受けながら穂高の茶点白花が咲けば収穫どき。背より高いキビ葉を刈り取って、茎汁を搾って煮詰めれば甘い黒糖です。南国沖縄の産業を担うキビですが、台風でも来ると茎花が先に折れて茎も横倒しです。だからこそ農家は培土に手間をかけます。花よ直く伸びてくれよ、採り入まで。

【現代新聞物語】

私たちは新聞記者

女性の眼で社会を取材

宮城鷹夫・編

編者のことば

沖縄が抱えるマスコミの姿

宮城鷹夫

これはひとつの「現代新聞物語」です。つまり現実の社会を新聞はどのように写し取っているのか、どのように論議、取材し解説しているのか、それがどのような反響をもたらしているのかを、繊細な女性の感性で捉えた、広い意味でのジャーナリズムの意味を込めたものです。

中堅女性記者・南城昭枝の記者感覚と取材を主にして、郷土の芸能文化へ目を向ける上城尚美、人間社会に踏み込む仲間菊江、教育問題と社会を見る玉城弘代、台湾など植民地主義に関心を示す屋比久森乃、それに男性記者大里長春（近代史）、知念久光（警察担当）らが加わります。

取材内容は広くないのですが、事実だけを並べたわけではありません。事実から生まれた「ものがたり」として読んでいただければ良いと思います。

沖縄が抱える、現代マスコミのあり方が多少でも示されておればさいわいです。


（沖縄タイムス・琉球新報、新聞協会その他、マスコミ資料を参照、敬称一部省略）

［現代新聞物語］ **私たちは新聞記者** 女性の眼で社会を取材

私たちは新聞記者

女性の眼で社会を取材

新聞のあり方を問う

大学で学ぶ「新聞学」

個人の生活、しかも誰にも知られたくないことを書き立てられたのではたまらないだろう。それを「これでもか、これでもか」と書く訳にもいくまい。もっとも、人気の落ちた俳優が、名を売るためにわざと話題をつくって新聞ダネにすることはある。政治家の自己宣伝、汚職や「金と名誉」を奪うための策略も絶えない。

新聞も雑誌もテレビ、ラジオを含めて、読者や視聴者は「社会の動きを知りたい、見たい」ものである。他人の不幸に同情し、他人の男女関係に関心を示し、「非難する」「面白い」「同情する」「反対」という新聞記事から社会が変わることも珍しくない。

南城昭枝は、そのようなことを考えながら、沖縄の新聞記者となった。南城市佐敷生まれの35歳、結婚はしていない。父親は建設業だけあって、幅広く県内外を回り、親分肌の人であるが素顔はお人よしの単細胞だ。母は家業で男1人、女2人を育て上げ、昭枝はその次女として育ち、大学では「新聞学」を学んだ。

大学の講師は元新聞記者で、社会部、政経部、学芸部などを経て編集局長、論説委員長、主筆、代表取締役として新聞社経営にもたずさわったベテラン記者だった。

「新聞記事は、ただ他人の秘密を暴くことではない」と強調して、テーマに「①沖縄の新聞・いまむかし」から「②マスコミとは何か」「③新聞記者の取材と記事の書き方」「④新聞はどのようにして編集するか」「⑤デスクとしての企画、記事の扱い方」「⑥取材から紙面に出るまでの過程」「⑦経営とマスコミの使命」「⑧ジャーナリズムとは」など、小難しい項目が並んでいた。

新聞のニュースは「①いつ②誰が③どこで④何をした⑤何のために」これが『五原則』で、どれかが欠けても記事にならないという。新聞は「住む町も世界も見える今日の記事」（新聞標語）と教えられ、また「報道の自由がある・知る権利がある」

とも教わった。

ただ、昭枝たちがひっかかったのは、ときおり「日時《いつ》」ではなく「このほど」「先に」とごまかしている記事があることだった。「どうして五原則を守らないのですか」と聞いたら、講師の説明では「たぶん日にちが長く過ぎてしまった時の記事で、とくにこだわる必要もない解説的な記事だろう」ということだが、少し奇妙に感じた。時には「どこで」の場所を明かさない記事もある。

講義では、沖縄の新聞の歴史とあり方を学び、さらに実地研修で学生たちは那覇市「波上宮」近くの、小高い旭ケ丘公園にひっそりと建つ「戦没新聞人の碑」を見て、統制下にあった戦時中の新聞についても、やや詳しく教わった。碑には、「1945年春から初夏にかけて沖縄は戦火につつまれた。砲煙弾雨の下で新聞人たちは2ヶ月にわたり新聞の発行を続けた。これは新聞史上例のないことである。その任務を果たして戦死した14人の霊はここに眠っている」

と刻まれていた。夏空は少し曇っていたが文字は氏名まではっきり読み取れた。

戦時下の新聞は、戦意高揚の気分をあおっていた。日本軍の大本営発表を垂れ流し、すべて「勝った、勝った」の報道に終始した。負けて逃げるのを「転進」と言い、戦死を「名誉」と言い換えた。全滅は「玉砕」、敗戦は「終戦」である。講師から「きょうも学校行けるのは、兵隊さんのおかげです」と軍国礼賛の歌があったことを聞いて、みんな「へぇー」と声をあげた。笑ったのではなくて、余りにも現在とかけ離れているので、声を出しただけである。

戦争とは、敵と戦わずに無事だったことを恥としなければならないおかしな環境なのかな、と学生たちは思い、戦場は正気と狂気を逆転させるのかとも考えた。それを、新聞はどのように示しているのかを含め、昭枝たち学生は県内2ヶ所の新聞社を訪ねて実際の新聞作りを学び、知ることができた。

女性記者として

「女性の眼」を通して社会を取材したい。そのような思いを強くして、南城昭枝は新聞記者になった。各地を回って取材し記事にすれば、新聞の紙面として読者の眼にとどく。さて、どこに、どの場所で、どのようなネタがあるのか、美談醜談だけでは記事にならない。やはり「なぜ、何のために」を探り当てなくてはいけない。難儀な仕事であっても、社会の一現象であることは間違いない。それが新聞記者の仕事だと思っている。

しかし「女性だから」という立場の違和感はどこかに残っている。いつかの新聞に「記者ですが」という、女性記者（26歳）の記事が出ていた。次のように書いてあった。

「仕事は続けるの？」「子どもができたらやめるの？」

こうした質問を、昨年、結婚を報告した際に何人かの人にされた。「結婚する」「子どもができる」イコール「仕事を辞める」という考えが自分の中になかっただけに、当然のように聞かれて戸惑った。

その場では「仕事を続けるつもりです」答えて受け流した。だが「これは私が女性だから聞かれた質問なんじゃないか」と疑問が残った。相手に悪気はないと分かっていても「女性だから結婚や出産をしたら仕事をやめる」という意識が背景にあるような質問にもやもやした気持ちを抱いた。

昭枝は結婚していないが、同じ女性記者として記事を読み通し、彼女が「女性だから」の違和感を抱いたことが分かる気がした。記者は取材しながら多くの人と接し、さまざまな意見や態度を見ることがある。女性だからと、優しくされることもあるが、逆に軽く見られることもある。

昭枝は入社12年を経て、いまも新聞記者として社会を回っているが、年月を重ねてむしろ女性記者としてのプライドは持っているつもりである。

実は小学生のころは学校の先生（教師）になろうと思っていた。とは言っても算数、理科などは成績が悪く、せいぜい作文が好きなくらいで、それだけは褒められた。いまでも覚えているのは小学5年生夏の頃の作文「雨降り」だった。

「がらごろどんどん雨降りだ。にわかに空がかき曇り、母さん干し物取り入れた。隣りの干し物間違えて、母さん持ち込み気がついて、隣のおばさんに謝った」

そのような作文で、先生には褒められたが、母は具合悪そうであった。

中学時代までは「教師」を夢見ていたのに、高校での授業を受けながら将来を考えたのがマスコミで、大学でも新聞学を選んだ。

仕事が仕事だから、昭枝が自宅マンションで朝起きるのはたいてい午前7時ごろである。いつも、買い求めたEM牛乳とバターロール、スティックパンを朝飯にしている。パンを手に持ってひとりで静かに口を動かす。

先日、そこへ母親がやって来た。「昭枝は何を食べているの？」と、手持ちのランチボックスを拡げた。白身魚の竜田揚げ、小松菜炒め、ほうれん草のツナ和え、揚げ豆腐甘煮などがあり、バナナ2本が添えてあった。

「おいしいものがあったから持ってきたの。お父さんのお土産も入っているよ」

昭枝の父は建設業で知り合いからもらったのか、どこからか探してきた「料理の変わり物」、つまり珍味を、ときおり家に持ち込むことがある。前にも魚のポテト焼き、鯖の塩焼き、魚の梅肉かつお焼きとか、珍しい「海の物」を差し入れてくれた。食べ終わってしばらくして、母が、なにやら言いにくそうに口を出した。

「ね、昭枝は結婚した方がいいと思うよ」

「わたし、いま取材で忙しいの。結婚は後まわし」

「いい相手がいるよ。父親はヤンバルに大きな土地を持ち、那覇で店を開いているが、そこの息子。お父さんの話によると、東京で大学を出てしばらく商店の仕事をしていたけど、最近家業を継ぐために帰郷したって。36歳。昭枝と似合いの夫婦になると思うよ」

親から持ち込まれた結婚話は何度かある。

「ありがたいけど、少し考えさせて」

昭枝は母の親心に感謝しながらも、女性記者の、あの「記者ですが」のコラムを思い起こした。家庭を持つ女性の意識も、取材を通して心得ている。夫の浮気、夫婦の意見衝突、親の面倒を見る煩わしさ、もちろん仲良し夫婦も多いが、子どもができると妻の立場は複雑である。別に結婚を否定するわけではないが、昭枝にはまだその気が起こらない。

母にお礼を言い、戸締まりを頼んで、昭枝は新聞社へ急いだ。

昭枝は社会部に属しており、芸能文化にも興味を持ち、これまで多くの取材を重ねてきた。大学での同期は放送局の報道部に入社していて、就職後も親しくつきあっている。

ある日のこと、取材をまとめて出稿したあと、同期の2人と後輩の女性記者3人で、ささやかな飲み会をした。ビールを口にしながら「女性記者の立場」について話の花を咲かせた。

入社2年目の新米記者がジョッキをテーブルの上に置くと、小さなため息を漏らした。

「女性が男のように、夜も取材で駆け回るのは怪しいと言われた」とか、中学時代の友人から「他人のことを暴くのか。女のする仕事ではないよ」とか。表情に少しばかりの陰りが浮かんでいるようであった。

「では、新聞記者になったことを、あなたは後悔しているの」

昭枝が聞くと「いや、後悔はしていないけど、私に務まるか心配です」

実はこんな取材があったという。アフリカ東部ジブチに派遣された海上自衛隊のP3C哨戒機が、中東海域の上空を初めて飛行したとき、基地をたくさん抱える沖縄ということで役所職員の意見を求めたのに、ほとんどの女性が「知りません」と言うだけであった。同じ質問に、男性職員たちは「早く戦争、基地をなくすること」と繰り返すだけ。いずれにせよ取材相手から具体的な返事を聞き出せない自分が情けなくなったと弱音を吐いている。

沖縄には基地問題がつきまとう。不平等、そして理不尽なことがたくさんあるにもかかわらず、中東問題への意見を採れなかったあせりのようであった。昭枝はそれに答えた。

「だからこそ新聞記者の仕事があるのです。すぐに回答が得られるだけが新聞記事ではない。難しいことだから、それをどうするのか、政治はどのように立ち向かうのかが問われるのです。多くの女性が「知りません」というなら、それが記事になるのです」

「ジャーナリストは、メディアを通じて物事の本質を見抜き、人々に真実を伝えるのが仕事です。そのために取材やインタビュー記事があるのです」

そんな昭枝たち先輩記者の説明に、新入り記者も表情が明るくなり、５人はビールのジョッキを重ねた。

戦前、戦中、沖縄の新聞

大学の講義で、今でも昭枝の印象に強く残っているのは「戦中、戦後の新聞について」である。戦時体制が新聞に及ぼした状況を、近代史の一つとして、それこそ現在の若い新聞記者も知っておかなければならない「歴史」であると思いながら、現在の取材に当たっている。では、むかしの新聞はどのような状況から今日に至ったのか。政治権力にどう対応したのか。大学で学んだ新聞学の資料などを参考にしながら、昭枝は、近代史と沖縄の新聞の戦前、戦中の流れを具体的にひもといてみた。資料を読むにしたがって最近の情勢と重なり合い、戦前の状況が現実味をおびてきたように感じた。

政府検閲による言論統制

1940年（昭和15年）といえば日本、ドイツ、イタリアの3国が結び、同盟をつくって米、英、仏、オランダなどの連合軍と対決した年である。

日本の新聞は「新聞紙法」という法律に合わせて政府の検閲による言論統制があった。自由な言論を奪われ、国内では政党政治が崩れて「大政翼賛会」という名で一党独裁の形になった。戦時沖縄は、淵上房太郎の後を受けた早川元知事の時代からで、泉守紀、島田叡知事に至って、さらに新聞への圧力が強くなった。

県民も県庁職員も坊主頭に国民服を着て、戦闘的国民帽をかぶり、中学生も青年団も脚絆巻き。女性も引き締まった作業風モンペ姿に、髪は短髪。髪を縮らすのもご法度。新聞には、このような表現もあった。

パーマネントに火がついて、みるみるうちにはげ頭大人も子どもも、女も男も大声で「非常時、非常時」と叫びながら日々の日常を過ごしていた。

「俺についてこい。みんなついてこい」「爆弾落ちたらバケツをもって一列に並んで火を消せ」「とんとんトンからりと隣組、地震や雷火事泥棒、互いに役立つ用心棒、助けられたり助けたり」

きびきび立ち回りながら、当時こんなふうに県民を指導していたのは、大分県警から転任して来た荒井退造警察部長で、「隣組とバケツリレーを考えたのは俺だ」と自慢していた。

１９４０年の11月に政府の「国民服令」と言うのが出来て、これは軍人だけでなく、国民皆がカーキー色服を着るのであるが、この色をカーキー色と言わず「国防色」と呼び、翌年には「肉なしデー」「タバコは一人1日1個」そして映画も「アメリカ、イギリスを褒めるのは御法度」と制定、空襲がひどくなるにしたがって「鬼畜米英」が流行語になっていく。

物は次第に不足して沖縄の人が好きな「豚皮」を「食べるな」と命じたのも警察部長であった。沖縄の人は「なぜだろう、ヤマトンチュが食べないからか」と思ったが、そうではなかった。もともと軍靴は牛皮で出来ているが、国民動員により牛皮が不足し、豚皮の軍靴を造ることになったからであった。なるほど、豚皮の軍靴は小さい穴みたいなのがたくさんあって、弱そうな感じがした。

「豚皮はたいへんおいしい。沖縄はむかしから豚皮の汁を食べていた」

住民の区長がそう言ったら、ヤマト兵の上官が応えた。

「そうか、それなら豚皮の古靴を集めて食え」

日清、日露の戦争で死んだ人を祀る、那覇市奥武山にあった「招魂社」が「護国神社」と名称替えしたはその前年である。

昭枝は、大学時代の資料を読みながら、沖縄の新聞の流れが多岐であることも知った。新聞社合併以前、昭和初期の主な新聞は、明治26年（1893年）創立の「琉球新報」が一番古く、大正4年（1915年）に「沖縄朝日新聞」が発刊され、さらに昭和6年（1931年）に「沖縄日日新聞」（のちの沖縄日報）が出来る。

戦時になると、3社合併で「沖縄新報」となった。戦時体制を確立するには、まず言論を統制することから始まる。新聞用紙も配給制となり紙面がだんだん狭くなっていく。うっかり反軍的な記事を書けば、新聞用紙の配給が止まる可能性があったらしい。

沖縄だけでなく、軍部は東京の中央紙も統合したかった。『新聞評論』という、新聞協会の資料によれば昭和16年（1941年）、ときの内閣情報局奥村喜和男次長が読売新聞、朝日新聞、毎日新聞を強引に統合しようとした。ところが読売の正力松太郎社長が「生命にかけても阻止する」と明言し、朝日も毎日も同様に「合併反対」を主張して、内閣府も困ったとの話である。3紙に政府の強引さを書き立てられれば、さすがに「権力」も手を引かざるを得なかったのだろう。

ところが思わぬことから政府は反撃した。「新聞は軍非難のウソ記事を書いた。これは違反である」という。何かといえば、大阪朝日新聞の副社長下村海南が、沖縄で

「日本の軍の一部が基地造りでむだ金を使いすぎる」と講演をしたという記事に関することであった。「軍隊は無駄金を使っていない。軍事法違反である」と理由をつけて、朝日新聞をつぶそうとしたのだ。さすがに朝日新聞も困ってしまい、しかたなく「新聞記事の誤報でした」と紙面に掲載して難を逃れたという。

昭和15年（１９４０年）は、日本全体が国家統制の雰囲気となり、「紀元二千六百年」を称えた年である。時代はだんだん窮屈になり、新聞は「大日本帝国の紀元」を賞賛する以外になかった。学校教育でも「神武天皇即位から二千六百年」と教え、定説になっていた。

その日本独自の元号説に従ったのが国民唱歌である。身勝手な日本の軍国時代を示す歌で、戦後生まれの昭枝は、敢えて「百科事典」から次のような歌全文を引き出してみた。日本の歩みを知るひとつの歴史を示していると思えたからである。

金鵄輝く日本の　栄えある光身に受けて
今こそ祝へこの朝《あした》
紀元は二千六百年
ああ一億の胸は鳴る

歓喜あふるるこの土を　しっかと我等踏みしめて
遙かに仰ぐ大御言《おほみこと》
紀元は二千六百年
ああ肇国《ちょうこく》の雲青し

荒ぶ世界にただ一つ　揺るがぬ御代に生い立ちし
感謝は清き火と燃えて
紀元は二千六百年

ああ報国の血は勇む

潮《うしお》ゆたけき海原に　桜と富士の影織りて
世紀の文化また新た
紀元は二千六百年
ああ燦爛《さんらん》のこの国威

正義凛《りん》たる旗のもと　明朗アジアうち建てん
力と意気を示せ今
紀元は二千六百年
ああ弥栄《いやさか》の日は昇る

この歌は戦時体制下、学校の運動会でも広く歌われた。「西暦」は敵国の年号だからと一切無視され、日本紀元が天皇の元号（昭和）と合わせてすべての歴史に「大日本帝国」の年号を示した。金鵄とは古事記、日本書紀に出てくる金色のトビで、「三本足の八咫烏《やたがらす》」とともに「神武天皇東征」（征伐）のとき、九州南部で勢いのあった薩摩隼人連合の「熊襲族」集落などを襲撃、金鵄が政敵の眼をくらませたとの伝説があった。

「大君の辺にこそ死なめ」

戦中当時は空っぽな戦時意識に覆われて、主なニュースと言えば戦地から家族へ当てた「敵陣攻撃」「戦勝」の軍事郵便と、戦死者の名誉を讃える報道であった。「敵のトーチカを破り、敵兵を殺した」とか「敵の城壁に登り、日の丸を掲げた」など、記事になるのはその戦地派遣記者の取材と戦死者の家族の話で、日支事変当初は必ず戦死者の顔写真を載せて戦死の士を讃えることにした。軍事支配の許、戦死者は「村葬」「市葬」で、顔写真が家族から手に入りにくいときは役場や区長などの手を借りる他はなかった。

名称も「満州事変」から「支那事変」へと戦域がどんどん広くなっていく。それを「聖戦」と呼ぶようになり、「兵隊さん」「勝ちいくさ」「日の丸」「君が代」などの記事が紙面に溢れてきた。

「海行かば水く屍　山行かば草むす屍　大君の辺にこそ死なめ　顧みはせじ」

戦死者を出した家族は、この万葉防人《さきもり》の歌を思い、心で泣いて顔で笑う世の中になった。

当時の沖縄の新聞記事に「日の丸ヤギ」という面白いニュースがあった。沖縄の農家はほとんどがヤギを飼い、食糧に当てていたが、南部のある農家のヤギ小屋で生まれた白い小ヤギのお腹に、茶色の丸い毛色が付いていた。それを新聞記者が〝日の丸ヤギ〟と紹介して話題になったのだ。

しかし沖縄守備のために来た他県の兵が、娘を捕まえて暴行しても、それらは記事に出来なかった。軍事優先だから、兵隊の「だれが、どこで、なにをしたか」も記事にしなかった。「敵に知れたら攻める要因になる」という。やがて「天気予報」もタブーとなった。敵が天気の具合を知ると、それによって攻めてくるかもしれないという軍命だった。日本兵の暴行も軍の動きも、すべて憲兵の手中にあった。

1945年3月、米軍の沖縄への攻撃が始まり、沖縄県民は壕生活を強いられた。米軍と日本軍による激しい地上戦が繰り広げられ、やがて家や山が焼き払われただけでなく、日本兵、アメリカ兵、住民を合わせて30万人、いやもっと多いかも知れない犠牲者を出すことにつながる。

米軍が空襲を重ねながら上陸してくると、新聞を印刷しても配達が出来ず、自然に発刊停止へ追い込まれた。新聞社合併後の「沖縄新報」本社は当初那覇市西武門にあったが、米軍上陸を受けて軍とともに首里の壕へ移り、若い社員が印刷機を壕の奥に据えて活字も持ち込んだ。しかし、追い詰められた日本軍、つまり第三十二軍の作戦部長が「軍は南部へ転進（撤退）する。新聞も刊行を止めよ」と告げた。何名か残っていた記者たちも解散して戦前の新聞は5月に消滅した（正式には1945年5月24日となっている)。戦争中、食糧確保や疎開に気を配ったとされる島田叡知事(兵庫県出身)と荒井退造県警察部長は45年6月、南部の摩文仁で自決したことになっているが、消息は知られていない。島田、荒井両氏による敗戦直前の行為については、「島守の塔」として映画化されて、当時の状態が描かれるようである。

沖縄戦が終わった日がいつなのか説が分かれている。三十二軍司令官・牛島満中将らが命を絶った1945年6月23日を日本軍の組織的敗戦日「慰霊の日」としているが、自決は前の日であったとか、その後も抵抗があったとするなど「慰霊の日」への異論も聞く。若い記者たちは「沖縄戦体験の多様性、米軍統治の実相を丹念に記録する意義こそ大きい」と、いま痛感している。そして戦後生まれの昭枝は戦争体験者の話に寄り添い、沖縄県が体験者の証言をまとめた『県民の歩み』に目を通し、体験談を大切にしながら社会の取材に当たっている。

戦争体験者、強いて語らず

「あまり言いたくないが」

沖縄戦では女性や子どもまでが実戦に直接巻き込まれた。疎開者を別にすれば日本軍と米軍が火花を散らして闘うコースの中にいたということである。戦後75年も経つと、新聞もラジオもテレビも「うまんちゅの戦争体験」を引き出したくなる。高齢化による体験者減少もあるが、マスコミの現職者のほとんどが戦後生まれで戦争体験はない。親や祖父母の話を聞きたいと思っても、これまた「戦争の話はしたくない」となってしまう。

南城昭枝は、佐敷手登根にいる知り合いの仲村ヨシお婆さんを訪ねることにした。ヨシさんは数えで93歳。「戦争？　もう忘れた。あまり言いたくないけど」と前置きし、昭枝と同郷のよしみをもって、やっと体験を断片的に語り始めた。

爆音で避難、水もなく川探し

私は、戦争が激しくなった年（１９４３年）に佐敷小学校高等科からいきなり戦時体制の女子青年学校へ入学させられた。ときおり米軍の空襲があり、日本軍といっしょに防空壕を造り、そこに隠れた。兵隊の前ではウチナーグチをつかってはいけないと先生に教わったので、下手な日本語で兵隊たちと話したが、耳が遠くて、早口の日本語がわからない背の曲がったヒャークーという男が壕に入ろうとしたら「どこから来たのか」「仕事はなにをしていたか」など、何を聞かれても「はい、はい」と言うだけだったので、日本語を知らぬスパイとして日本の将校が日本刀を振り上げた。それを私の父が〝通訳〟して命を助けた。日本兵は怖かったよ。

空襲がひどくなったので、私たちは軍隊を離れて手登根集落の腰当杜（クサティムイ）で、野遊び（モーアシビ）どころの「アカバンタ」に造られた防空壕に避難した。

そのうち、米軍が中城湾から上陸して手登根に攻めてくるという話が伝わった。警戒警報、空襲警報のサイレンが鳴るとススキが茂る山道をかき分けてアカバンタに登った。壕内は竹とススキで床を作り、みんな寝泊まりしたが、そんなに苦しいとは思わなかった。兵隊とは別で、アカバンタの壕の一つは女性と子どもと年寄りだった。わたしの母ウサーは乳飲み子の政ちゃんをおんぶして壕に避難した。幼い子だからときどき声を出して泣くので「敵に見つかるぞ」と脅された。母は仕方なく山の下の実家に戻されたが、さいわいに爆弾は落ちなかった。男性はほとんどが防衛隊として軍隊に取られてしまった。

あるとき、どうしたことか私たちに軍命が下った。「若者は北谷方面の道路作りに集まれ」という。私と1人の少女が毛布と着替えを持って軍のトラックに乗り、がたがたの道を通って工事現場に着いたのに、そこでさせられたのが「竹ヤリ訓練」であった。真竹を手頃に切って先を鋭くし「敵が来たらこれで刺せ」という。敵兵5人以上刺して倒したらほうびが貰えるとのことで、私たちは7人か8人を目標に、「エイ、ヤー」と大声で気合いを入れて稽古に励んだ。訓練作業が2週間ほども経つと米軍機による空襲が激しくなり、私たちは父母のもとへ戻された。夜も昼も歩いて宜野湾から西原、与那原を通り、やっと佐敷手登根へ帰り着いた。2、3日はかかったと思う。それほど疲れは感じなかったが怖いのは空襲と日本兵だった。

翌45年3月から米軍の本格的な空襲と艦砲射撃が始まった。遠くに見える中城湾には黒い軍艦が並び、朝8時ごろから続けて大砲弾が飛んできた。手登根の山手に日本軍の高射砲を取り付けることになり、どこからか持ち寄った高射砲をムイグヮーイー（森の上）という小山まで引っ張っていった。ところがそれが災いした。米軍の狙い撃ちにあい、周辺の家屋敷まで砲弾を浴びた。やっと集落の壕を逃れて、私たちは夕刻、親子きょうだい共にヤンバル（国頭地方）へ避難、逃げることにした。母は幼な児を背負い、父は重い寝具を背負って、家族が歩いて行くのだからその困難は言い知れない。昼も夜も米軍に目をつけられぬように、歩いて歩いて着いたところが金武の並里という、ささやかな集落であった。並里の区長は仲間さんと言ったかな。親切な方で、山小屋をあてがい、その小屋に、すでに避難していた2所帯といっしょに暮らすこととなった。山の中は飲み水もなく、小川の流れを見つけては、手水で口に入れた。

ある朝、流れから山小屋へ帰ろうとするとき、突然米軍に銃撃された。ようやく弾は避けたものの、ただ身震いして生きた心地はしなかった。

投降促す宣伝ビラ

4月にもなると、北部の山々は若葉に萌えて美しい。私たちはすることもないので、木陰で空ばかり眺めていたら、奇妙な紙が落ちている。それが毎日のように蒔かれた米軍の宣伝ビラであった。「いつまでも山に居たら殺される。海に降りてこい」とか「米軍は住民を殺さない。早く来い」などと、下手な字であるが日本文で書いてある。

日本軍が近くの壕にいて、ときおり姿を見せる日本の兵隊は「米軍のウソ宣伝にだまされるな」と注意していた。敵か味方か、見分ける方法も教えた。ある日、知らない若者が訪ねてきた。敵か味方か確かめるために、日本軍が密かに教えた暗号で「川」

と言ったら、すぐ「海」と応えたので味方と分かった。「米軍の宣伝にのる者は処刑する」とも言われ、暗号みたいな問答で敵味方を見分けるという、至って単純な話であった。

それでも私たちは投降して、宣伝ビラを持ったまま「捕虜」となった。米兵に銃を突きつけられて金武の収容所に連れて行かれた。沖縄戦は数知れない犠牲者を出したが、わが家の父母兄妹８人とも犠牲は出ていない。

沖縄の地上戦争は語ればキリがないが、実はみなさんに話したくても話せない、密やかなことをたくさん知っている。だれにも言えない秘密話で、言えば名に傷がつく。もう私も老婆となった。あってはならない戦争は絶対嫌だ。戦争の話は、あの世へ持って行く以外にないよ。

昭枝は、仲村ヨシお婆さんの話をまとめて、「戦争の思い出」として新聞に掲載した。

戦後の新聞、その経過

戦争が一応終結した1945年の夏、荒れ果てた沖縄を占領した米軍は、日本の教育とは別の、占領地沖縄の教育を指示した。そのころ疎開先の地域で、やっと子どもたちを集めて教育するようにしたものの、占領当初「日本語教育はダメ、英語、またはウチナーグチで教育をせよ」と布令まで出したが、現実的に出来るはずもない。石川市（現・うるま市）では、教室もないから、元教師たちは子どもたちを砂浜に集めて、砂上に文字を書きながら〝日本語〟で教えた。

新聞記者の意識革命

「アメリカは民主主義を沖縄に伝える必要がある。それには新聞が一番よい」

それが住民への宣伝紙「琉球弘報」だった。折り込み4頁の新聞紙面は米軍の指示通り、米軍記事と通信社のAP電、UP電を使い、米軍統治を正当化する、米軍の沖縄占領機関紙に過ぎなかった。新聞社員の身分も米軍政府の情報教育部職員であった。米軍は、もっぱら植民地政策と軍事占領を正当化しようと、米軍施政の民間情報教育部（CIE）に「ラジオ放送部」と「新聞課」を設置し、日本語の放送と新聞を発刊して宣撫《せんぶ》工作に乗り出した。

琉球弘報（週刊）は無料配布で、民間へ軍事政策などの米軍情報を提供するだけではなく、沖縄の芸能文化、民俗的情報も多く掲載、奄美から与那国まで、全島に配布されて多く読まれた。アメリカの情報を日本語に訳して琉球弘報に掲載するのは、主として日本語ができるアメリカ生まれ、アメリカ育ちの二世たちであった。

一方で、戦前の「沖縄新報」時代の元記者たちが集まって、米軍機関紙とは別の、民間人による新聞作りをめざした。瀬長亀次郎、池宮城秀意らによって作られた「ウルマ新報」が「うるま新報」となり、さらに「琉球新報」へと変遷していった。

そのころ同じように、密かに新聞作りを話し合っていたのは、首里で文化財集めをていた豊平良顕、政治家を目指していた高嶺朝光、国頭で民衆運動をしていた上地一史、軍政を知る座安盛徳らであった。1947年頃から計画を進め、1948年7月1日に発刊したのが「沖縄タイムス」である。

「琉球新報」「沖縄タイムス」両紙の経過についてはそれぞれの「社史」に詳しいが、ひとつのエピソードがある。沖縄タイムス発刊について、米軍政府に申請したものの不許可、琉球銀行からの資金借り入れを許さなかった。この銀行は米軍政府が51パーセントの株主だからどうしようもない。新しい新聞は「反米、反軍新聞」と曲解したらしい。

「反米でも親日でもなく、民主的な新聞を作ります」

高嶺、豊平、上地、座安らが何度も交渉し、やっと資金も「社員株」にして許可を得た。発刊は7月1日だが、6月30日に米軍政府のハウトン大尉が「ビッグニュースがある。明日の新聞に出せ」と発刊予定の沖縄タイムスに告げてきた。それは「B軍票をドルに切り替え」の通告であった。「明日まで待てない」と判断した沖縄タイムスは、その日に号外を出したのである。

「号外から発刊する新聞なんて、実に珍しい」と、昭枝たちはよく話題にしたものである。

米軍占領後の沖縄は、日本円からA軍票（海軍）、B軍票（陸軍）、さらに米ドルとなり、日本復帰後は日本円という、過激な経済体験をもっているが、号外は米ドル切り替えのときであった。「住民の立場で新聞を作る」新聞記者の意識革命が始まった。

身勝手な米軍の沖縄占領

時が経ち、新聞が米軍政と米兵犯罪を批判したのは沖縄の日本復帰熱が出始めた1952年ごろである。軍政府は「民政府」と名称替えしても布令（166号）などによる、軍事優先の政策に変わりはなかった。「朝鮮戦争」が起こったのは1950年6月だが、米軍は沖縄基地を強化し、B25爆撃機（後にB29）が朝鮮半島へ何度も飛び立った。

朝鮮戦争は周知のように、大韓民国と朝鮮民主主義人民共和国（北朝鮮）の戦争である。３年余り続いたが、その間、米軍の戦死者が出ると沖縄に運び、ドライアイスを詰めた寝袋のままアメリカに送るのである。その作業を沖縄の軍作業が担った。人手が足りない。どんどん作業人を募集した。戦争は53年7月に終わるが、経済問題も絡めて住民意識が高まり、そのころから「軍事基地長期契約反対」の激しい土地闘争が始まる。

１９５２年はサンフランシスコ講和条約の年であるが、「全面講和か単独講和か」で新聞紙面の争点が高まった。結局は米国の主張通りにソ連を抜いての単独講和となったが、その講和条約第3条に「沖縄の地位を決める条項」があり、依然として米国は沖縄と奄美を日本から切り離して「軍事支配」をすることになる。

「琉球列島を米国の軍事基地とする。奄美はもともと琉球であるのに、１６０９年（慶長14年）に薩摩が軍事力で強奪した。したがって、奄美は琉球に戻す」

この、マッカーサー指令、指示に日本政府も肯定、敢えて反対しなかった。植民地か占領地か、史上にあまり類を見ない宙ぶらりんの沖縄の地位によって、奄美を含めた沖縄の住民は底知れぬ不安に閉じ込められた。

日本国内で沖縄だけが地上戦を体験し、さらに27年間もの長いあいだ、米軍が身勝手な軍事占領で思うまま沖縄を支配するようになった流れについては、昭枝たちも大学の新聞学で学んだ。

日本全国は、戦争が終わった敗戦日を1945年「8月15日」としているのに、沖縄は「6月23日」である。なぜだろうか。学内で論じたのが「沖縄の敗戦」だった。先ほど述べたように、その日は牛島司令官、長参謀長が自決して日本軍が抵抗できなくなったからという。しかし、司令官が自決しても部分的な抵抗があった。「本当の意味の沖縄の終戦は9月以降」との説もあるほど、沖縄の戦過は複雑で、簡単な過去の歴史としては収まらなかった。基地問題からすれば「戦争はまだ終わっていない」とさえ県民は思っている。米軍の直接攻撃は収まったものの、沖縄は戦後を経てなお、戦争に備えての米軍基地の多くを抱えて、県民を不安にしているのである。

沖縄は日本の降伏後、本土から切り離されて、日本の戦後史からはずれてしまった。日本新聞協会が１９５６年に刊行した「地方別日本新聞史」の項目でも、北海道から始まって鹿児島で終わっている。沖縄の新聞の記述は見当たらない。

日本新聞協会。これは戦後間もない１９４６年７月23日に全国の新聞社、通信社、放送局が倫理の向上を目指す自主的な組織として創立した協会組織である。自主的と言っても以前は文部省（現・文部科学省）の所管であった。沖縄県の新聞社が加盟したのは、沖縄が日本に復帰する１９７２年直前からである。

現在（２０２０年）１１４社が加盟、もちろん沖縄の新聞社も沖縄タイムス、琉球新報の２社が加盟している。しかし戦前、戦中、戦後の「沖縄の社会経過」についての細かい記録はまだまだ少ない。昭枝記者たちは心のなかで、戦争体験者による埋もれた沖縄社会を掘り起こそうと今でも考えている。「沖縄の新聞が果たす役割もそこにあるのではないだろうか」と思っている。

ちなみに、戦後沖縄の新聞名を羅列すると、短期廃刊を含めて次のようになる。

琉球新報、沖縄時事新報、沖縄ヘラルド（改題・沖縄朝日新聞）、沖縄新聞、沖縄毎日新聞（改題・沖縄毎日新報）、沖縄日日新聞、沖縄日報、沖縄タイムス、宮古毎日、宮古朝日、八重山毎日、八重山日報、久米島新聞などである。

新聞報道の課題を問う

首里御城、その歴史的流れ

佐敷を居城にしていた尚思紹王統2年（１４０６年）に中山を征服、２代尚巴志王が、さらに北山、南山を統一、察度王支配の浦添から首里へ首都を移して１４２９年に「琉球王国」を象徴する「グスク」を造り上げた。このグスクは、１８７９年、明治政府による置県（沖縄県）で政府に明け渡すまで、第一尚氏王統（尚思紹）７代64年、第二尚氏王統（尚円）19代４１１年の居城として威厳を誇っていた。尚思紹王の時代、居城であった佐敷グスクの石垣の石まで手渡しで持ち込み、高楼を築き上げたと伝わる。

首里グスクの城郭は内郭と外郭からなり、東西方向に長く、およそ４００メートル、南北方向はおよそ270メートルだった。城壁の厚さ約4メートル、直線的高さは4メートルから6メートルで、石垣の角が丸くなっている。

「百浦添御殿《ムンダシュイー》」と呼ばれる正殿は正面屋根の唐破風《カラファーフ》で尚巴志時代、すでにあったことを韓国の『李朝実録』は伝えている。戦災を含めて4回の火災、災難があったと伝わるが、そのたびに修復、その美形は保たれていた（以上『沖縄大百科事典』参照）。

首里城炎上と新聞の対応

その首里城が2019年10月31日の午前2時36分ごろ、焼けてしまった。地下で保存されていた遺構が世界遺産にも登録されていた正殿から北殿、南殿、番所、王国時代王の住まいどころ二階御殿、男禁制の黄金御殿、書院と鎖《うざし》之間などまで焼損した。

火災情報とともに、新聞社は猛烈な慌ただしさになり、連絡を受けた記者たちは男女の別なく夜明け前の取材に駆けつけた。

出火原因はともあれ、社内ではホワイトボードを使って紙面展開を検討し、一面トップ、最終面まで塗りつぶして火災現場を写真記事にした。失った存在の大きさを象徴する紙面であった。各面には「県と政府の再建決意」「復元関係者の悲しみ」「県民の心のよりどころ」「著名人SNSで対応の声」などを掲載して紙面を埋めた。

もちろん翌日以降も連日問題点と反応、対策を紙面に大きく報道した。復元へ向けて県行政の対応も速かった。焼失を惜しむ声、復元への意見、拠金などが紙面にあふれて、尽きることがない。1ヶ月近く経って、日本政府も関係閣僚会議で再建は国が担うことを確認した。

さまざまな意見、感想がある中で、首里城炎上のような大事件に対して「新聞の役目って何だろうか」と、昭枝たちは社内で意見を出し合った。指揮を執る編集局デスクは「内情と沖縄の対応を幅広く取り上げることだよ。紙面にそのことを明記したい」と、扱いの論点を示した。政経部も社会部も記者が取材に駆け回り、写真部は状況をカメラに収めた。

他県の新聞も大きく小さく、それぞれに報道し、アメリカの新聞も中国の新聞も紙面に載せた。とくに台湾の聯合報、中国時報などは大きく報道した。

週刊誌も月刊誌も報道しているが、もちろん細かく誌面を割いたわけではない。他県の月刊誌に「沖縄は困ったときの国頼み」とも書かれていた。

「沖縄にとっての大きな災害であるのに、はっきり言って他県ではそれほどの関心は高まらない」

「首里城は〝権力〟の象徴ではないのか。薩摩支配の王府時代、沖縄の農民は極度の貧乏暮らしを強いられたと、週刊誌に書かれている」

「他県からすれば首里城炎上は沖縄という小さい島の災難であろう。例えば千島北方領土にロシアの侵入は大きな記事になる。それが地域新聞だろうな」

「日本国民は沖縄より北陸、北方四島、韓国、中国へ目を向けている」

「首里城再建が第2の辺野古問題になるなどとの報道もある」

昭枝たち記者仲間の間で、さまざまな意見がでた。

周辺の破損瓦撤去が進むと焼けた跡を公開、観光客の眼を集めているという。

報道メディアとは

そのような取材話をしながら、昭枝は「新聞記者」という映画が那覇市の桜坂劇場で上映されていたのを思い出した。

一人の新聞記者と若きエリート官僚の姿を通して、報道メディアは権力にどう対応するかを問いかける興味深いストーリーであった。主人公による女性新聞記者の敏捷な演技について「真実味のある社会派サスペンス映画である」という読者の新聞投稿もあった。映画が示していた「主観で対抗、抵抗するだけでなく、客観的にものを見て取材すること」に、昭枝は共感した。

「客観的」とは、特定の個人的主観の考えや評価はなく、普遍性を持つ視点のことであろう。女性記者の多くは、普段は医療や福祉、子どもの問題などを地道に取材しているが、そのときでも主観的にならずに取材することは心がけている。しかし、母親と子どもの関係、男女の問題、学校教育のあり方などを取材していると、客観的になりすぎて、冷淡な傾向にならないかどうか、本当は難しいことである。

民主主義社会で「表現の自由」と言っても、女性記者としての立場に戸惑いが何度かあったことは事実であろう。

「表現の不自由展」と報道

愛知県で開催した「表現の不自由・その後」展（あいちトリエンナーレ２０１９）が、開幕わずか３日で中止になった。この催しでは日本軍の「慰安婦」を象徴する「平和の少女像」や昭和天皇の肖像が燃える映像作品などが展示されていた。ところが「日本をダメにする企画だぞ」「展示にガソリンをまくぞ」「観覧者たちをナイフで、刺してやる」「反日主催者は命が惜しくないのか」など、電話や書簡、インターネットでの脅迫が相次いだのである。「慰安婦問題」や「昭和天皇の発言と火煙」を題材にしたことが、苛烈な抗議と脅迫の原因であった。

開催職員と観客が人質に取られ、あるいは暴動になる恐れもあるとして、主催する実行委員会の代表大村秀章県知事は記者会見で「多数の抗議を受け、関係者や観客の安全を考えて、人命を守るための判断」と述べて中止となった。

この展覧会をめぐり「展示は問題だ」と松井一郎大阪市長からの連絡をうけた河村たかし名古屋市長が、少女の像について「日本の国民の心を踏みにじるもの」として、撤去を求める文書も出している。芸術作品への評価は自由であるが、行政の代表が加わっての企画展存廃問題は、憲法21条の「言論・表現の自由、行政の検閲禁止」に違反するのではないかとの意見が多くの紙面に掲載された。「主催者である行政は脅迫などの攻撃に、毅然とした姿勢を示すべきではないか」「基本的な対策がなかったのか」というものである。後日、通路を抜けた先に新しくモニターを設置して滞留を防ぐ方策を取り入れ、この展示会は再開することになった。

昭枝たち沖縄の新聞社も「美術展示だけでなく、様々な催しに言論抑圧がはびこるのではないか」と、この問題を報道と自由意見のあり方として重く見た。国内のほとんどの報道は開催中止を「非」ととらえ、表現の自由を示した民主主義憲法にも反するとの意見が多かった。

宮古施政、スラップ訴訟では？

沖縄県の中でも、屈指の海の美しさ、ビーチに惹かれて多くの観光客が集まる宮古島は名所も多い。1年を通して温暖な気候と、澄み切った海と砂浜が有名である。その島で起こった、政治権力が言論を封殺するような事件に、人びとの目が向けられた。

宮古島市の不法投棄ごみ撤去事業は違法だとし、市民らが公金の返還を求めた住民訴訟に関連して、今度は市が市民らを訴える方針を明らかにしたのである。住民訴訟で市の勝訴が確定しているのに、市は「名誉を毀損された」として提訴に踏み切ろうとした。提訴の理由を、市民側が「違法な支出を行ったと虚偽の主張をした」ことなどを挙げ、市の名誉が傷つけられたという。宮古島市の施政で行政の「名誉」とは何だろうか。

取材記者に「何を根拠にどういう名誉毀損があったか」についての詳細な説明はなかった。新たに市民を提訴することは、行政をチェックする側の意見や批判的な発言を封じ込めることになりかねない。「抗議活動や運動などを萎縮させることにもつながる」と、新聞はとりあげた。

新聞の「地方版」を読みながら、昭枝たちは「宮古の施政、まさにスラップ訴訟ではないか」と話題にした。スラップとは、市民の関与を排除するための訴訟戦術の意味である。最近、司法の世界ですっかり定着したことばとなった。

もう少し具体的に言えば、宮古島市のように「公に意見を表明したり、政府・自治体の対策を求めて動いたりする人々を黙らせ、威圧し、苦痛を与えることを目的として起こす報復的な民事訴訟」(裁判資料)ということになる。

陸上自衛隊と石垣市議会

いつだったか、公共放送の情報番組で、石垣島特集があった。陸上自衛隊の配備予定地に関連して約1・6キロ離れた農業用ダムの水源となる川を示したところ、市議会が「事実と異なる」との、訂正を求める抗議だった。その経緯に不自然があるとして「市長と市議会与党の間で口裏合わせがあった可能性もある」と聞き、現地の記者は取材したが結局真相は分からないままになっている。

石垣島は八重山諸島の経済、行政だけでなく観光の中核を担っている。島の中心部の繁華街は年中観光客や県内の憩いの場として親しまれ、海と高い山の自然に触れることが出来る。手つかずの自然の中にたたずむビーチ、青い海と白い砂浜がどこまでも続き、その美しさが詩を呼び歌を作るのである。

この名勝地「平得大俣」に石垣島自衛隊が配備されることになった。自衛隊が、住民反発を受けないようにと出した『自衛隊配備の魅力』という冊子がある。それに次の項目が記されている。

1、配備部隊は、住民の命と平和な暮らしを守り抜きます。
2、陸上自衛隊は、八重山のために貢献します。
3、災害現場での人命救助は、最初の3日間が一番重要です。
4、誘導弾の発射訓練は、八重山では出来ません。

5、自衛隊は、石垣島全体を、さらに活性化します。
6、自衛隊は、地元住民とのつながりを大切にしています。

自衛隊は全国の地域でボランティア活動をしており、具体的には老人ホームや保育園、幼稚園などでの音楽活動、野球や陸上競技などのスポーツ指導、観光地、ビーチでの清掃活動をしていることを挙げている。

若い自衛隊員が地域の伝統行事と文化を支えるということであるが、果たして、美しく豊富な八重山「詩の国・歌の国」の伝統的文化を、若い自衛隊員、他県人が指導し、支えられるのだろうか。

そのことについて八重山毎日新聞は「八重山文化は独自なものをもっており、地域を知らない他所の人がどのように支えようというのか」と書き、むしろ「宿舎に居住する自衛隊員の身体や財産への不法な侵害、当該宿舎への不法な侵入や破壊行為といった犯罪を招く恐れがある」と警告している。

新聞報道とプライバシー保護

合意か、否かの争い?

最近は新聞報道だけでなく、週刊誌なども「個人の犯罪嫌疑」や「性暴力」「有名人の家庭環境」、果ては「恋愛、不倫」まで、細かに報道している。

昭枝たち記者仲間は那覇市内のコーヒー店の一部屋で、雑談ながらも「情報化社会の人権と報道」について話題を広げた。プライバシーの概念と報道の自由、被害と加害の関係など、女性記者3人と男性記者2人で、言いたい放題の「記者談話」だった。

「伊藤詩織と山口敬之の関係が面白い」と、人間関係を多く取材している仲間菊江記者が話題を持ち出した。

「面白いと言うより、男女の奇妙な関係を暴露しているよ」

それは「山口敬之と伊藤詩織の性行為が合意か否かの争い」である。男と女の心理的な相違かも知れないが、裁判問題にまで持ち込まれたので、当然のことながら昭枝たちの話題にもなった。内容については広く知られているが「あらすじ」はこういうことである。

男と女、性暴力の狭間

ある飲み屋で、元ＴＢＳワシントン支局長の山口敬之（53）はジャーナリストの伊藤詩織（30）と互いに酒を酌み交わしながら語り合った。時間が経つと酔いが深くなる。敬之はタクシーを呼び、詩織を乗せてホテルへ向かった。

敬之は「酒に酔っていたので誘ったが、別に抵抗はなく合意して詩織を送り全て終わった」と述べている。しかし詩織は「私を無力、無抵抗にして暴行した」と訴え、民事訴訟を起こして裁判沙汰になった。詩織は「２０１５年４月に性的暴力を受けた」として、敬之に１１００万円の損害賠償を求めたのである。

2019年2月18日、東京地裁（鈴木昭洋裁判長）から「合意のないまま性行為に及んだ」が認められて、敬之に330万円を支払うよう命じる判決が言い渡された。判決を受けた敬之は、一夜明けた19日に東京都内の日本外国特派員協会で記者会見を開いた。敬之はそこに詩織がいたことに驚いた。「本当の被害者ならこの席で笑ったり上を向いたりしないだろう」と漏らしつつ「私が支局長であることからセックスをさせろとか、そうやりたいとかは一切ございません」と強調した。詩織がジャーナリストとしてその記者席で取材していたので、敬之は顔をあわせ「伊藤様がいらっしゃる前で、しかもカメラの前で詳細を話すことは、あまりいいこととは思えないので裁判資料を読んで戴いたら、何が起きたか分かります。私が自分の立場を利用して性行為をしたことは全くありません」と訴えた。

また敬之は、酒に酔った詩織をタクシーに乗せたことについて、それがベストであったかと言われると「私は非常に悪い選択だったと、今は反省しています」と語り、そのあとで「道徳的な間違いだったとは思うが、なぜ詩織さんが2年間も待って、いま訴えたのか。性犯罪などあり得ない。訴えたその意味がよく分からない。私は違法行為を一切していません」と述べて法廷判断を批判した。

前日まで裁判で争っていた人間同士が、同じ会場で会見したことに、他の人たちは奇異に感じたという。このあと敬之は控訴したが、彼女は「法廷判決のように、決して合意ではなかった」と何度も強く語った。詩織は「性暴力」の問題に関して強く関心を持ち、かつて西アフリカで撮影したドキュメンタリー作品に「女性器切除」をめぐる記事もある。

こうした一連の報道を含めて、判決を不服とする敬之の言い分、判決を納得する彼女の主張に賛否があった。この問題は国際的な関心をおよびＢＢＣでも取り上げられ、珍しく中国にも広がり「日本の醜聞」とニュース速報で出している。

記者として自在に取材

新聞社内で山口敬之と伊藤詩織の関係が女性記者たちの話題となったとき、昭枝は

「山口は厚かましいな」と考えてしまった。

30歳の女性と中年男53歳の心理には大きな相異があるように思えた。女性が30代になれば社会の裏表がわかりかける。昭枝は結婚していないが、男を見る目は自分なりに持っているつもりである。それは10代、20代より当然細かく厳しくなっているような感じがする。

一方、中年男性はどうだろうか。中高年の多くの男性が、迷いや不覚さを抱えながら、女性へ「若さ」を求めるのではないだろうか。人生、53歳も過ぎれば「いつまでも若くありたい」「元気いっぱい活動したい」と思うはずである。逆に言えば、外的な価値にばかり重きを置き、内面的な成長と成熟が歳を重ねていっても、軽くなってしまうのではないか。それが若い異性への関心を高めて、自分勝手な「恋心」につながっていく。

中高年になると、自然の成り行きとして、もっと内面的なことに関心を持てば、自らに負わされた仕事に熱中出来るのではないかと思う。それは会社、事業、人間関係を取材して感じることである。

女性は30歳も過ぎると、社会的な環境のなかで二面的な心理状態になる。

一つは人並みに結婚して夫婦仲よく、出来れば子どもを2人か3人つくり、平凡な人生を送りたいとする意思である。昔気質の堅固な女性のユメとして人生を描くのである。夫婦仲よく、平凡こそ人生の「平和」につながる、ということだろう。

もう一つは、仕事と自由、遊び、友情に支えられながら生きていくことである。結婚によって自らの生き方を変え、「家庭」などというわずらわしさにとらわれない、独自性の生き方である。静かな、深い孤独を感じるかもしれないが、遊びも仕事も思い切り羽根を伸ばすのも悪くない。とくに最近は女性の社会活動範囲が広くなったので、そのような生き方が多くなっているように、昭枝は思っている。自分もその一人であると胸に手を当てて考えた。新聞記者を定年すれば、創作をしたり評論などを書けばよいではないか。

新聞記者は人を多く知ることが最大の財産などと先輩記者から聞かされる。男女関係とか自分の人生論とか、厚かましく考えなくてもいい。

昭枝には好きな人がいる。語り合える仲間として男性も女性もいる。心の中で、自他の幸せを願うこと、自由自在に生きることを考えながら、ジャーナリストとして「人と向き合い、自分と向き合って人生を過ごしていくしかないのではないか」

そう思いながら取材を続けている。

他人の秘密は知りたい？

「知られたくないものを知りたがる」のが人間の心理かも知れない。むかしこんな話があった。名護のある商店が、店の入り口近くに穴を掘って「この穴、覗くべからず」と紙を貼り付けた。名護は観光客も多い。店番が言うには「ほとんどの人が目を向けた。逆に覗く人が多かった」と。見せたくないものを見たいのが人の心理らしい。手掘り穴底にあったのは北部の名産ヤンバルミカン。それでミカンがよく売れたとの話であった。男と女、年齢と生き方を含めて人間社会は複雑である。

戦後も20余年経たころ、東京で「宅配売春」というのがあった。「若い女性募集、住宅専門のアルバイト。賃金は1日1万円以上」その「底が見えぬ秘密のチラシ」と配る人の甘いことばにつられて、東北の女性が多く応募、沖縄からも東京、大阪へのあこがれから密かに希望したのがいた。「食事、マッサージ、後は金次第」つまり、それは「人だまし?」の募集だった。当然、新聞ダネになった。その際、募集した男性の名前、女性の名を隠すのか、あるいはAとかBの仮名・符号にするのか問題になった。

明らかな犯罪なら別として、「本名を出すか否か」記事の表記に記者は迷ってしまう。新聞によって扱いが異なったりする。プライバシーの問題もある。もちろん、金を取って体を売れば「売春」として罰を受けるが、男の名、女の名はどう表記するのか、かつて、東京新宿あたりのボーイ売春、つまり色男たちの店に中年のおばさんたちが客入りし、男性に金を上げて〝買春〟(?)することを記した週刊誌があった。「他人の秘密は知りたい?」ではないが、その際も、内容は控えて記事にした。

原則として19歳以下の少年、少女の場合、凶悪な罪名は出しても本名は伏せてC子、H吉などとする。ただ最近「選挙権を持つ18歳以上の凶悪犯は大人扱いで名を出して良いのではないか」との意見も出ているが、法的に決まったわけでもないから、昭枝たちの新聞社ではまだ結論が出ていない。

少年法の第61条に「家庭裁判所の審判に付された少年又は少年のときに犯した罪により、公訴を提起された者については、氏名、年齢、職業、住居、容貌等により、その者が当該事件の本人であることを推知することができるような記事又は写真を新聞紙その他の出版物に掲載してはならない」とある。ただし罰則はない。

少し厳しい条件であるが、記者として条文だけは知っていなければならない。では、どのような取材をすればいいのか。日本新聞協会は次の「方針」を示している。

新聞は少年たちの〝親〟の立場に立って、法の精神を実践すべきである。それは新聞の自主規制に待とうとの趣旨によるものなので、新聞はいっそう社会的責任を痛感しなければならない。ただし　①逃走中で、放火、殺人など、凶悪な累犯が明白に予想される場合　②指名手配中の犯人捜査に協力するときなど、少年保護よりも社会的利益の擁護が強く優先する特殊な場合については、氏名、写真の掲載を認める除外例とするよう、新聞の慣行として確立する。

わかりにくい「方針」であるが判断は記者、新聞社、雑誌社に任せるとの意味であろう。

蒲戸爺さん「なんでもジョートー」

ある朝、昭枝は例のように遅く起きて、パンと牛乳を食べながら、自社の新聞に目を通した。そして思わず紙面に見入った。インタビュー記事「百十一歳の元気な津波蒲戸さん」が1面トップに出ているではないか。思わずデスクに頭を下げた。新聞記者にとって、自分で取材した記事が大きく紙面に出ることは、この上なくうれしいことである。

流れのままに身を任す

昭枝が取材に行った日は、たしか雨模様の曇り日だった。そしてその日もまた、介護施設の窓から見える中城湾の遠くには黒い雲がながれて空を覆うていた。

津波の蒲戸お爺さんは元号で言うなら明治41年生まれ。大正から昭和、平成、令和と歩んだ沖縄県内男性最高齢者を探しあてたのは、元号令和が決まった2019年4月だった。

「蒲戸じいさん、話聞きにまいりました」と手を上げたら、元気な声で「むかしの辻、ジュリ、ジョートー、ジョートー」と、杖を突いてすこし上げ、曇り空を指さして「ジュリ呼び酒飲み」の歌を手真似で見せてくれた。ゆっくり腰を起こしてT型3つ底足の杖に頼って、腰をふらつかせながらも体に合わせて拍子をとっている。

「ハーイヤー、ハーイヤー」と張りのある声でなかなか足取りがよい。後日、104歳の台湾生まれの医者が蒲戸爺さんを訪ねて「長生き」の秘訣を診察したことも昭枝は記事にした。

蒲戸爺さんに会えて「うらやましい」というより、寂しさを乗り越えての「ハーイヤ、ハーイヤ」で爺さんの元気を実感した。爺さんの話によると16、7年前までは毎月老人の集いがあり、昼のつらい労働仕事を終えて夜のモーアシビ（野遊び）の話や、時には美女たちが歌い、踊り、男女の愛も芽生える遊郭「辻通い」話も多かったと笑っていた。台湾の医者も聴診器を当てながら「長寿」を診察してくれたという。

88歳、トーカチが済んで翌年、妻カメさんに先立たれた蒲戸爺さんは子ども6人を育てあげて一人前にした。その蒲戸爺さんも2019年8月15日、つまり旧盆7月15日「祖先霊お送り」(ウークイ)の日、十五夜の名月に誘われ、先に逝った妻の手を借りてあの世、永久の世へ旅立った(この年はお盆の日が新暦、旧暦同日)。

因縁と言えば因縁だが、亡くなる前々日「祖先霊お迎え」(ウンケー)も旧盆に集まった周囲の人に笑顔を向けて「みんなも食べているかね」と声をかけるなど、気遣いを示したという話を聞き、昭枝はそれも記事にした。蒲戸爺さんはいつも笑顔で「何でもジョートー、ジョートー」、介護の人たちも「太陽みたいに明るい人だった」と語ってくれた。

後日、昭枝は編集局社会部の上城尚美、屋比久森乃、仲間菊江4人で連れだって那覇市松山町の、得意とするいつもの飲み屋「山村やー」で泡盛を飲み交わしての「ゆんたく会」(おしゃべり会)を持った。蒲戸爺さんへの取材裏話を語りつつ昭枝が言った。

「男も女も年齢に関係なく行動するさ」、さらに尚美が「年寄りは年寄りらしく、若者は若者らしく、の時代は去ったね」と盃を手に取った。

「むかしの男は、40代になると元気でも杖を持ち、出来るだけ年寄りに見られたいと努力した」

「外国でも同じよ、時代の流れでしょうね」森乃は取材体験から台湾の例を持ち出した。

「男も女も、60代までは〝出来るだけ若く〟と、年齢を隠したがるが80代になると、むしろ老人に見られたいと、ことあるごとに数え年を言いふらす」

「流れのままに身を任すのさ」などと、昭枝たちはそれぞれの取材話から「老人の心がけ」を話題にした。

風車は強風にしたがう

上城尚美によると、ある雑誌に「老人の心訓七ヶ条」というのがあったという。

第1条・老人にとって一番淋しいことは何もすることがないことです。

第2条・老人にとって一番心がけたいことは心身の健康に常に気を配ることです。

第3条・老人にとって一番醜いことは過去にしがみついて希望を持たないことです。

第4条・老人にとって一番悲しいことは他人から仲間はずれにされることです。

第5条・老人にとって一番美しいことは芸の心と若い者の陰の力になることです。

第6条・老人にとって一番楽しいことはまだ役に立っていると自覚できることです。

第7条・老人にとって一番尊いことは今日一日を大切に楽しくすることです。


若い昭枝たちが老人の心を知る上でも「なるほど」と思う心訓だった。

飲みながらの話し合いは、まず人間としての老齢者の生活、健康、寝たきり、果ては認知症、老人施設のなかの介護状況まで、「人生百歳時代」などネタは尽きなかった。

「最近は〝百歳時代〟と言われるのに、クロワク（新聞の死亡広告）に、90歳以上の死去を〈天寿を全うし永眠〉とあるのはどうだろうか」と昭枝が問題を投げつけた。

「天寿なら百歳以上ではないのかな。うちの婆ちゃんは93歳だが、天寿どころか、離島周辺への旅行もしているよ」と菊江記者。

「90歳ではまだ天寿は全うしていないよ。爺ちゃんは自ら車の運転もする」と尚美記者も言う。

「運転免許証返納」は本人次第であって、すべての美徳ではないことに記者たちは賛同した。「年寄りは安全に心がけて、注意深く運転すること」しかし「若者の立場からすれば、90歳以上はお年寄りに見えるよ、だからクロワクも天寿としたいさ」

「家族にしてみれば90歳以上なら、亡くなっても悔いはないと思いたいのか」など誰彼となく話題を出し合ったものの「現在の長寿社会、天寿表記の可否、どちらも一理あるかな」と言うことになった。

長生きしての「お祝い」というのがある。60歳の「還暦」はともかく、77歳の「喜寿」、80歳の「傘寿」、81歳の「半寿」、「85歳祝い」、88歳の「トーカチ」、97歳の「カジマヤー」、99歳の「白寿」、１０８歳の「茶寿」、１１１歳の「皇寿」とつながる。

尚美記者が「蒲戸爺さんは111歳だった。それを超えたら何というの？　むかし、奄美大島に120歳まで元気な爺ちゃんがいた」と、県内外の長寿社会取材の話を持ちかけた。敢えて漢文字にひっかけた祝いとして七十七の「㐂寿」、八十一の「半寿」、八十八の「米寿」、風車を回すから「風寿」、九十九は［百］にひとつ足りない「白寿」というのがあると何かの資料にあった。女性は男性に比べて家庭的話題が多い。さすがは女性記者、長生き話に花が咲いた。

「沖縄には97歳以上の祝いがないよね」

「カジマヤー人生を過ぎたら『全寿』じゃないかな」

「そんな祝いことば、聞いたことがないよ」

「風寿、全寿、あとは天寿か、いいじゃないか」で、大笑いとなった。

みんなコップいっぱいの泡盛で乾杯した。沖縄の長寿社会を願っての乾杯だった。

ジュリ遊郭に咲く恋の花

ある日、那覇育ちの先輩格・大里長春記者が「花風の舞とジュリの話」をしてくれた。それは、むかしのロマン的な話であったが、現代娘の昭枝たちには、ひとつの物語みたいにも聞こえた。

「花風《はなふう》の舞」ジュリの愛心

1900年代、辻遊郭の組織を含めての運営、客呼びなどの話は多くの資料、著書にもあるが、遊女ジュリの人間的な部分は深く知られていない。辻は、ひとつの社交的遊びでもあった。「ジュリって、たんなる売春婦ではないよ。男は偉い人も偉くない人も好きなジュリがいて、恋に夢中だったたって」

「花風」といえば、ジュリが、那覇の港から彼の地へ船出する恋人を、那覇港のはずれ三重グスクの丘に立って人目を忍びつつ見送るさまを描写した踊りである。

（花風）三重城にのぼて　手巾持ち上げれば
　早船のならひや　一目《ちゅみ》ど見ゆる
（下出し述懐《シュックエー》節）朝夕さもお側　拝みなれそめの
　里や旅しめて　いちゃす待ちゅが

わかりやすい筋書きにすれば「那覇の港が見える三重グスクの丘に立って人目を忍びながら手巾を振って航海の無事を祈る」ジュリの風情であり、後段は遊郭に帰ってもやりきれない心情を示している。朝夕お側にあってお世話した彼への未練であり、ジュリも恋に心をかけるという辻物語である。

「辻遊郭ってどんなところだったのだろうか」「どのようにして男たちをもてなした

だろうか」

新聞記者は仕事柄、しかも女性として真実を確かめたくなる。昭枝は長春先輩の話を現実に引き戻して那覇市辻の有名な料亭に行き、むかしの「遊女たち」（ジュリ）を探し当てて話を聞くことにした。

料理作りの手を休めて語る、戦前15歳だったジュリのカマー婆さんのたたずまいは、長春記者の「過去の話」に、より現実味を与えた。「カマやしなー」という歌があると、笑いながら「ジュリと男の愛心」を紹介してくれた（歌詞一部省略）。

①今日やぬうがやら面影の面影の、目の前に下とて眠んららん
　サーサ我ん沙汰しゅらど、なま時分カマドー小が

②首里から来ちょうしがカマーいちゅたカマーいちゅた

「カマーやお客と出じやびたん」
サーサ何時《なんどっち》い出じたが「今さきど波の上に」

③聞けば腹立ち安まらぬ安まらぬ、我より他にお客ぬ居み
サーサ探めて捕みて、くん取やい顔剥がね

④さてもこのやつ何某《なにがし》が何某が
他人《チュ》のジュリけ取て行ちくぁいせ
サーサ手拳《てこぶし》拝まさ、くるちとらさ、今詫びれ

⑤口の開くままただ叫びれただ叫びれ、銭ぬ主や誰やがひゃ
サーサ架け五十（銭）も、有るものい貧すう者

⑥さらばこれまで命さめ命さめ、生まれて見たみ死ぢ見だに
サーサ銭金少なさ、今の如にするものい

⑦銭や成る程呉てあても呉てあても、貴殿《ウンジュ》や今参のお客どやる
サーサ元からひだとる客でもの捨てらりみ

⑧他所《ユス》に靡くな思無蔵よ思無蔵よ、下腹蹴らりみ顔ふぇふぇー
サーサ掛けゆみ赤毛、逃んぎらに今んまい

男2人がジュリの取り合い。金持ちの男がジュリを呼んだ。貧乏男が訪ねたら、カマージュリは金持ち男と波上広場に行ったとのこと。貧乏男は追っかけていき、金か愛か男同士の争いとなる。しかしジュリは「カネはあっても、この人に靡かない。私が愛するのは元からの付き合いのあなた、カネはなくても別れないよ」と告げて貧乏

男に付いていくという物語り歌である。

昭和初期ごろの話らしいが、ジュリも「金銭《ゼニ》より愛」、元から付き合っている愛する男に寄っていく「辻物語」である。歌は貧乏の男、金持ち男、そして女の愛、どの歌詞が誰のことかは明らかである。ジュリはカネだけに迷うことなく、貧乏でも好きな男に寄りかかったとの話は、ジュリの心をよく示していて、芝居でも大人気だったとカマー婆さんは手で踊って見せた。

幸せになったジュリ物語

男と女、辻遊郭の話題は幅が広い。貧しい家庭から身売りされながらも、人妻となって幸せになったとの話を、カマー婆さんはしてくれた。異色と言えば異色であるが、昭枝は聞き入った。

島ジマを問わず、明治、大正の末から昭和初期にかけて貧農の家庭は生活苦が重なると、生まれた男の子は「イトマン売り」されて漁業の手伝い、女の子は「ジュリ売り」されて遊郭で男たちの相手にさせられた。口減らしのための苦肉の策であった。しかし、貧富を問わず女性の幸せはどこからどのように飛び込んで来るのか分からない。カマー婆さんがもうひとつ話題にしたのはジュリのこころ、つまり客の男性をとくに愛して夫婦となったジュリ物語であった。

× × ×

ウサー小は、貧しかった八重山の黒島で生まれた。男1人、女2人の3人兄妹だったが、牧畜や畑では生活が成り立たず、7歳の時に身売りされて辻中道の「香光亭」という遊郭に受け取られた。年上のジュリたちが7人か8人いて、よく可愛がってくれた。しかも遊女親《ジュリアンマー》はウサー小を近くの小学校にまで入学させた。ウサー小は優等な成績で6年生を卒業した。

鼻立ちがよく、18歳になった美人の彼女には、当然のことながら人生の節目と言われる出来事ごとがあり、43歳という、那覇泉崎の金持ち旦那に初めて身を任せることになった。

辻の遊郭、ひとりの女性として、ウサー小がそれこそきらめくような感動を覚えたのは、座敷の「おもてなし」もそろそろ身についた23歳になったときだった。

「巡査（警察官）異動による送別会らしいよ」

「どこのどんな人か知らない客より安心さ」

酔って媚びを売る女、手を握ったり肩を抱いたり、別に珍しい風景ではないが、ひとり目鼻立ちがよく、やや長い顔のハンサム男がいた。女どもに嫌らしいこともしない。ウサー小が、そばにいる男に聞くと、名を亀太郎と言い、肩書きは巡査部長らしい。亀太郎はにこにこして泡盛を口にするだけである。

ウサー小たちの集いはにぎやかであった。舞台では女性舞いの派手な踊りが始まった。

打ち鳴らし鳴らし四つ竹は鳴らち
今日や御座出ぢて遊ぶ嬉しゃ

女踊りの着付けに花笠をかぶり、優雅な手付きの「四つ竹」舞であった。両手に持つ竹音の拍子と三線の音が座を華やかにする。次の踊りは「谷茶前」「安里屋ユンタ」、そして締めはジュリ（遊女）が、ひと目を偲んで帰って行く。「思い」を胸底に秘めて「せめて西武門まではお供したい」との恋心を踊る、あの「西武門節」である。芝居芸能舞台と違い、目の前で踊る舞姿に男どもは圧倒された。

行ちゅんどやかなし
待ちみそり里前
西武門ぬうえだや
う共さびらヨーォテー
片そでや紺地

片そでや浅地よ
　いちがむる染めの
　　紺地着ゆらヨーォテー

踊りを見ながらウサー小が亀太郎の手をにぎると、すぐにぎり返してくれた。恋の始まりであった。

「お住まいは？」

「首里の汀良町よ」

「ときどき会えると良いですね」

ひとめ惚れだったが、やがてふたりは〝人目をはばかる〟仲となった。亀太郎は交番勤めのあと巡査官舎に泊まり、勤務が済むと、1人で辻遊郭へ向かいウサー小を呼ぶことがある。つかの間の「愛」であったとしても、裏座での哀歓の波は背筋を這い上がってきた。

恋が芽生えて3年目となり、亀太郎はウサー小を身請けすることにした。彼はすでに妻と離婚していたので、首里汀良町にウサー小と家庭を持った。ふたりの間に男3人、女1人の子が出来た。それぞれに良い子たちであった。男の子1人は八重山で牧畜を営み、1人は政治家となり、1人は料理亭を経営することになった。女の子は別に小店をもって客を呼んだ。カマーお婆さんの話では、それが戦後も辻の話題となっているというのである。

父親の暴行報道と教育

昨夜は少し飲み過ぎたかな、と思いながら玉城弘代記者は朝8時ごろ朝刊に目を通した。1面から32面まで読み、目に付いた記事があった。

警察担当の知念久光記者の取材による「3歳息子に暴行容疑」の記事、父親が嫌疑で逮捕されるらしいという2段ものがあった。那覇市内の自宅マンションで、少しでも気に入らないことをしたら息子の耳を引っ張る、殴る、頭の毛をつかむ暴行を加えるという。父親は「そんなこと、していません」と否定しているが、以前にも妻が止めたのに息子の前髪をつかんでいじめたことが何度かあり、妻はやむを得ず「児童相談所」に告げたとの記事だった。

実子への訓育か暴力か

新聞1面の「児童虐待、相談所に持ち込んだのが全国で15万9千件、県内は1千100件」などの記事を読んでから、弘代は新聞社へ向かった。朝風が吹いてスズメが数羽、薄雲の空を横切り、むかしの面影を残す赤瓦屋敷に吸い込まれるように飛んでいた。雌雄の小鳥たちは仲よく見えた。とたんに「なぜ人間が」と思った。

「父親が、自分の子を戒めとして耳を引っ張ったり髪の毛に手をかけた」「父親が子どもに暴力」という実情がどんなものか知りたくて、弘代は数日後、暴力父親の家を訪ねることにした。警察署で場所を聞かなくても、マンションは探し当てることができた。いきなりチャイムを押す勇気がなくて、マンションの周りを見上げると、バルコニーに洗濯物も見当たらない。さらに勇気を出して2階に上り、よしと自分に気合いを入れ、玄関をノックしたら中年の男性が顔を出した。弘代は、まず訪ねたことを詫びて来意を告げた。

「私、新聞記者です。お父さんが逮捕されたとの報道があります。しかし詳しいことは分かりません。そのことが聞きたくてまいりました」

仮釈放された男は、鋭い目つきのまま、しばらく無言であったが拒否はしなかった。相手が新聞記者で、しかも優しい顔立ちの女性であったから気をゆるめたのだろう。

「いま、どんなお仕事ですか。警察に連れていかれたそうですね」

弘代の問いに「ぼくは確かに子どもの耳を引っ張りましたが、それが暴力だそうです」

男性は真剣なまなざしで答えた。新川と名乗る男性は自らの立場を語り始めた。

新川は36歳。出身は近くの離島で、一度離婚していて前妻との間に男の子ができたが行方は知らない。現在の妻は9歳年下で、ヤマト生まれという。飲み屋に通っていたとき仲良くなって結婚することになり、男の子ができて、もう3歳になった。

前妻は新川の夜遊びと酒癖の悪さに耐えられなくて実家に戻ってしまった。彼はむしろ気が楽になったのか、毎夜遊び歩くようになった。もとより飲む・打つ・買うの3拍子がそろった男で、結局、離婚もその果てのことであった。そして再婚したのが現在の妻である。

　警察の調べによると、相変わらず酒は飲むし、おまけにマンションで噂になるほど、子どもを怒鳴ったり叩いたりした。むずむずして食事をとらなかったとか、少しこぼしたりすると子どもの右耳を左手で引っ張ったり手をつねったりする。子どもは大声で泣く。泣くとまた尻を強く打つ。大声で妻が止めようとすると「子どもを甘やかすな」と妻にも怒鳴る。新川の荒声に妻も黙ってしまった。

「子どもを叩くのは良い子にしたいためだ。家庭での教育だ。お前は毎晩飲み屋で男どもとじゃれついているではないか」

　夫の荒声に妻はどうにも耐えられず、泣きながら仕方なく児童相談所にその旨を伝えたという。それが今回の「暴力逮捕」となった。それでも新川は「自分の子どもを躾けるのに何が悪いのか」と思い込んでいるらしい。

　そのような警察調書に「ぼくは子どもの耳を引っ張った。妻は愛していない」と、新川は何度も弘代記者の顔を見て、同じことをくりかえした。

「自分の子どもを殺したわけではない。小さい子だからこそ、親の言うことを聞かせる。親の言うとおりにしないから叩く。子どもが大声で泣く。それを他人が干渉する。しかも妻の訴えでなんとか相談所、つまり縁故も関係もない所で、物知り顔の人たちが警察に言いつけて『子どもに暴力』したと親のぼくを捕まえにくる。それでは、その人たちは親子を無理に切り離していい事をしたと思い込むのか。親子の縁を切ることがこの人たちの仕事なのか」

子どもに耐えきれないほど暴力を振るっているのに、新川の意見はとまらなかった。弘代記者は改めて「児童虐待とは何か」「心理的虐待と身体的虐待はどう違うのか」について考えた。

弘代は隣家の人にも意見を求めてみた。やはり、乱暴なひどい躾けという話が多かった。新川の暴力は周囲も認めていた。

親子間での争いは罪になるのかならないのか。その程度にもよるだろうが、新川のような例からすれば、児童相談所に申告しない限り警察沙汰にはなりにくい。怒鳴るなどのことはあり得るとしても、直接的暴力、あるいは勢いよく扉を閉めたり、わざと廊下をどんどん音を立てて歩き、物や猫、犬を傷つけたりすれば、それは家庭内でも暴力であろう。たしか2年ほど前の他県の地方紙に「男の子が猫を抱き、チューブ入りの強力接着剤で両眼に塗りつけ、動物虐待で逮捕」の記事があった。

男の子が18歳のとき、親や祖母の金を繰り返し盗んだり、父親の車の鍵を盗み暴走したりする最悪の事件なども週刊誌で報道されていた。警察に訴えたら「暴走は罪になるが、家庭の問題はね」と相手にされなかったという。子どもを追い出そうにも、それはできない。親と子の争いは種々様々である。

摂食障害、うつ病、子どものゲーム依存、引きこもり、夫のDV（ドメスティックバイオレンス）、嫁からの虐待、妻のギャンブル依存症、娘のリストカット、息子の不登校など、数え上げればきりがないほど、さまざまな問題が家庭内にはある。それにしてもケガをさせるような暴力は許されない。

親の躾け、限界はどこまで？

「父親の子ども虐待」記事とは別に、玉城弘代記者が持ち帰った県内の児童相談所の資料を見ると、虐待種別の内訳は心理的なものが最も多く全体の66・7パーセントで、前年より4パーセント増えている。つまり、体に負う傷よりも心の問題が多いと言うことであろう。直接暴力を振るう身体的障害が増えているとしても、親が養育を放棄するネグレクトが158件、わいせつな行為をする「性的虐待」が11件もあることには驚きである。女の子を裸にして局所に手を入れたり、掌で触ったりする父親もいるらしい。

県警の資料によれば、1998年に保護者から虐待を受けた疑いがあるとして児童相談所へ通告した18歳未満の子どもは756人で、うち「面前DV」が435人と、大半を占めている。DV事案の認知が増えていることも要因とみられている。

先ほどの新川のような例を含めて、虐待事件が見直されようとしていることは間違いあるまい。

警察担当の知念久光記者の話によると、数値的には虐待事件が大幅に増えた印象を受けるが「もともと存在していたものが表面化したに過ぎないのではないか」と見るむきもあるらしい。親子の関係が、むかしと比べて希薄になったと言う教育者の学論を、弘代は「教育欄」に書いたことがある。親とは、子とは、教育的立場からも問われよう。

最近の新聞の論壇に、同じ意味の意見が出ていた。それを読みながら「親子関係はそうかも知れない」と、教師の経験を持つ弘代記者は思った。たしか、戦前から戦後にかけて、親は絶対的な立場にあった。そして「親孝行」が1番の人間性であると教え込まれた。親孝行とは、真心を持って親に尽くすこと、父母によく仕える行いであり、子の親に対する道徳、家族制度を基盤とするもので、生活規範として確立され、重視された。「孝行がしたいときに親はなし」とは、やっと親の愛のありがたさを知り、孝行しようと思える年齢には親は既に亡くなっていたとの教えであった。

親は孝行されるのが当然であり、親の言いつけ、親の教えは守らないといけなかった。元々は中国の孔子・孟子の儒教から来た思想であったし、長男が親の後を継ぐというのが日本家庭の軸をなしていた。ところが「日本の憲法」を持ち出すまでもなく、現在はその思想そのものが「家庭」から遠のいていった。「人は公的な仕組みの中で生きている」として、長男も次男も、長女も次女も同格であり、敢えて「家庭」に拘束される必要はないとさえ思われるような社会ができてきた。「家庭崩壊」ではないが親の責任もそれだけ薄くなったのであろうか。

千葉県野田市の自宅で2019年1月、小学4年生の栗原心愛ちゃん（当時10歳）が父親の虐待で死亡した事件は、全国の新聞で大きく報道された。沖縄の新聞も1面トップ、6面、30面、31面に関連記事を掲載した。栗原一家は心愛ちゃんが8歳だったころ母親の故郷である糸満市から野田市へ引っ越したことから、沖縄でも関心を呼び、大事件として受け止められた。担任した教師は「授業中の発言が多く、しっかりした子だった」とその性格を示している。

父親は「躾け」のつもりで、親の言うことに反発する子の両手首をつかんで引きずり、顔面殴打や骨折の傷害を負わし、浴室の脱衣所で立ち続けさせたりした。その結果、心愛ちゃんは強度のストレス状態に陥り、不整脈または溺水で死亡した。

「虐待死か躾けの行き過ぎか」裁判の結果、千葉地裁は２０２０年３月19日、父勇一郎被告（42）に「尋常では考えられない凄く残虐な虐待」として、懲役16年の判決を言い渡した。子への暴力は母親や妻の手にも及ばない仕打ちであった。判決詳細によると、勇一郎は「なぜこんなことになったのか」と涙して泣いたという。それが反省か否定か、事件の傷痕はなお深い。

２０１９年３月２日、東京目黒区で船戸結愛ちゃん（５歳）が父と母の手で殺された。虐待をしていた疑いで、父（33歳）と母（25歳）が警視庁に逮捕された。広く知られた「子ども殺し」事件である。12月の寒い日に、結愛ちゃんが独りで家外に出されてぶるぶる震えているのを見た近所の人から「毎日大声で子どもを叱っている」との通報があった。以前船戸親子が住んでいた香川県でも、子ども虐待で香川県警が保護したこともあるのに、東京に移って後の結愛ちゃんは母と父とともに暮らした。「パパ、ママいらん」「でも家に帰りたい」亡くなった5歳児が、香川県の児童相談所で語っていたコトバである。

この2つの事件以来、公的な課題として、子どもを守るための組織が強化されていく。先端が、全国の「児童相談所」であろう。児童相談所は、児童福祉法第12条に基づき、2006年4月から各県に置かれている児童福祉の専門機関である。「子どものことなら電話でもFAXでも、何でも受け付けます」ということで、電話番号は189番。語呂合わせ「いちはやく」の意味らしい。

電話は緊急通報用全国共通のダイヤルに設定されている。弘代記者がインターネットで調べてみたら、2015年5月1日から運用が開始されて、24時間365日、児童虐待や子育ての相談を受付けているという。誰でも虐待を受けたと思われる児童を見たら速やかに市町村、福祉事務所または児童相談所のいずれかに通告しなければならない。

　体罰については沖縄県の条例でも「親権者に限らず子どもと関わる全ての大人の体罰を禁止する」「子どもの品位、品格を傷つける行為も禁止する」と述べている。同時に「罰則規定など強権的な方法は控えるべきである」とも書いてある。

　子どもがいけないことをすればどうするのか。弘代記者が児童相談所職員に聞いたら「むかしから多少の体罰はあった。いけないことをしたら〝怒らずに叩け〟との教訓があった」と話していた。「怒った振りで軽く尻を叩け」、つまり本当は怒ってはいないのだが「振り」をしろということらしい。体罰の是非はともかく、弘代記者は、なるほどとうなずいた。少しわかりにくい現状の条例に対して、子どもの「躾けかた」に疑問を投げかける親もいると聞かされた。

　場所の問題もあるが、この福祉事務所や児童相談所施設で保護されている子どもは親と隔絶されて孤独で「引きこもり」を助長するとか、地元の公立小学校に通う可能性があるのは「母子生活支援施設入所児童」だけであり、保護された子は基本施設内で勉強するが、母子支援によってその子が逆に経済格差を感じてひがむのではないかと受け止めている教育者もいる。経済的だけでなく生活環境とも関連する。シングルマザーとなった母が中学校の近くに住居を移そうとしたら「雰囲気がよくない」と周囲から反対された例がある。これまで割と良い暮らしをしていたのが、落差のために子どもが上手く育てられないで鬱になってしまうなど、問題を複雑にしたことも挙がっている。未婚女性の親子に税制優遇はあるものの、具体的な親の躾け問題を解決しなければ、単なる形式になりかねないと、弘代記者は思っている。

夜遊びする女の子たち

玉城弘代は那覇市の中学教師であったが、思うところあって報道をこころざし、その後新聞社に入社した。記者3年目の春から、深夜の街を出歩く子どもたちの実情を取材して連載「夜遊びの子どもたち」を書いた。深夜徘徊での補導件数が過去最大になったとの警察発表が実態取材を思い立たせたのである。

那覇市牧志の市場前で、夜の8時半ごろ楽しそうにおしゃべりしている3人の女の子がいた。多分、小学6年生あたりではないかと思って声をかけた。

「もう遅いのよ、お家に帰らないの？」

「家には誰もいないもん、ママは夜働いている」

「家はね、オバーだけ。パパもママも他所の家にいる。家では退屈」

いずれの子も、親と接することが少ない、もしくは家にいないとのことであった。楽しそうに見えたこの子たちの表情の裏には、寂しさがひそんでいることに弘代は気づいた。しばらくして、今度は栄町周辺を取材した。ある飲食店の近くが騒々しいので覗いてみたら、高校生か中学生ぐらいの女の子が2人、客待ち顔で立っている。

「どうしたの？」

と聞いたが返事をしない。どうやら、男客を引き入れるための「客待ち」らしい。どのような男を相手にするのか、女の子たちに罪悪の表情は見えなかった。

不況も親世代の経済的困窮や夜のブラック労働も「一番の被害者は子どもだな」と弘代は実感した。親たちだけでなく、社会や政治に、子どもたちの窮状を訴えたくて、「夜の子どもたち」の取材を続けた。

当初は、取材しても「特殊な例と思われるのではないか」と心配したが「決して人ごとではない」と多くの人に感銘を与えたらしい。教育界でも「子どもの貧困対策」は喫緊の課題として認識が高まった。

「親の体罰」について、厚生労働省が定義している。2020年から法律で「体罰」を禁止したが、世間での暴力の連鎖を防ぐための支援は不十分である。では、どのような罰か。弘代記者が手に入れた日本の「体罰禁止指針」は次の具体例を示した。

1、言うことを聞かないので、頬をたたく
2、いたずらしたので、長時間正座させる
3、友達を殴りケガさせたので、同じように殴る

4、他人の物を盗んだので、お尻をたたく
5、宿題をしなかったので、夕食を与えない

体罰をしないために、子どもを褒めるなど、子育て方法を示しているが、怒ったり荒声を立てたりする「躾け」に具体性は見えない。親世代に、尻を叩かれて育った人も多いだろう。「認識を変えるために社会全体でサポートしないと、逆に親を追い詰める」との意見もある。こうしたことまで示さないといけないところに、現在の親たちの位置はある。それは昔に比べて親子の関係が変化して、親の立場が低くなったということだろうか。そして体罰禁止はやはり当然なのか。

親の立場、教師の立場

学校の新学期が始まる4月、糸満市の小学校でPTA（父母と教師の集い）があった。ここ数年、教育問題がさまざまな話題となっているので、弘代は親たちと教師の

問答を聞きながら、子ども教育のあり方と社会教育、家庭教育の関係について取材をすることにした。教育欄へ掲載する記事である。

ＰＴＡに集まったのはほとんど母親たちで、教師が５人加わった。協議は学校教育と家庭教育、社会問題などが主題となった。

学校教育では教科書を中心にして子どもたちの自主性と判断力、幅広い社会の中での生き方、体力と身の持ち方などを教育課程に準じて教師が「人間性」を養うとの説明であった。多くの父母も参加する社会教育は、学校以外の、広く社会人に行われるもので、公民館や少年自然の家などが会場となる。教師たちの説明では「生涯学習」とも言う。

それは、人が生涯にわたって学ぶこと、あらゆる時期に行われる学習活動で、年齢を問わず参加するのが望ましいとのことだった。自分自身や生活を充実させ、学んだことを生かして活力ある地域や社会をつくるなど、個人のためにも子どもたちのためにも大切である。それこそ、だいじなＰＴＡ活動のひとつであると言われた。家庭教育のあり方についてもさまざまな質問と意見が交わされた。

「子どもへの暴力が問題化している。それと子どもの躾けとの分け方があるのだろうか」

「親を追い詰めれば子は育たない。子どもは親の子であって、児童相談所の子ではない」

「大声で怒鳴り、テーブルを叩くのが尻を叩かれるより怖いよ」

「子どもに傷を負わしたり、不随にしたりするなら厳罰だが、いたずらは子どもの遊びの一つではないかな」

「政府の禁止令に、宿題をしないと夕食を与えないのが暴力に当たるとある」

「宿題をしなくても優秀な子がいるよ。そのような子にも夕食を与えないのか」

「私も小学校のころよく宿題を忘れた。夕食が食べられないなら先生より親を恨む」

「むかし、戦前なら『日本人は皇民、子は国家の〝赤子《せきし》〟として、国に奉仕するように国の責任で育てた。少し似ている」

「まさか、そんな。現代なら『子育ては社会責任』ということ」

このように親たちからいろいろな意見が出た。

悲惨な虐待事件が注目されるなか、自分の子どもの将来がどうなっていくのか悩む家庭教育は、微妙な問題を含んでいる。

体罰を禁止する「改正児童虐待防止法」と「改正児童福祉法」が施行された。政府は虐待対応に当たる児童福祉司の増員を決定しているが、体罰だけに頼らない子育て方法を考えるなど「性被害を含めて、親を対象とした対策も同時に求められよう」と教師たちは説明した。部分的ではあっても、弘代はＰＴＡを通して学校教育、社会教育、家庭教育教育のあり方が親たちに、新しい問題を与えた感じを受けた。

「性暴力」という色合い

フラワーデモの女性たち

先日、女性たちが花を手に、「性の暴力」に抗議する「フラワーデモ」があった。那覇、糸満、名護、うるま市の各会場には、色とりどりの花を持った女性たちが50人ほども集まって、性暴力への怒りや被害者の女性たちへ寄り添うように「女性の花」を美しく飾り立てた。１本の花の力の源泉は「愛」と「尊厳」である。沖縄県も性暴力を受けた人の支援施設「沖縄県性暴力被害者ワンストップ支援センター」を病院内に併設した。

昭枝は、女性の立場と言うより、新聞記者として、男と女の人間性とは何かを求めて「性暴力」の取材に向かった。

主催者からの呼びかけで、10人ほどの女性が壇上に立ち、それぞれに「私の体験」を公表した。それは性暴力に反対する、勇気ある行動であった。

一人の女性が壇上で語った。自宅アパートに見覚えのある男が入ってきて、無理矢理肩を抱かれた。「これは暴力ではないか」と、後で警察に訴えたら、警察や検察の聴取を受けて、かえって自らの恥をさらすようで、絶望したとのことである。

「どんな下着をつけていたの？」

「あなたは体のどこまで触られたの？」

「男がしたこと、あなたが抵抗した様子を具体的に話してごらん」

など、罪の重さとは関係ないことばかり聞かれたという。

ある女性は、かつて男の手であちこち触られたことを思い出した。知り合いの少年と庭で遊んでいると後ろの山に誘われ、まだ子どもだった自分の両足を捕まえたり、引っ張ったりされた。その時のことがフラッシュバックし、自分が性的な遊びの対象にされていたことに気づいたのは、中学で性教育を学んでからだ。こうしたショックを、友人たちが支えてくれたので乗り越えられたとのことだった。

「性暴力は性別や年齢に関係なく襲ってくるもの。〝あなたは悪くない〟と、みんな被害者に寄り添ってもらいたい」

この集会を主催した女性は手の花を高く持ち上げ、力を込めて訴えた。同時に「頑張ったわね」と大きな拍手が会場に響いた。このようなフラワーデモは東京と大阪で始まり、各県の性暴力問題に詳しいメンバーが参加するという。

昭枝は、より具体的な「性暴力」を聞きたくて、デモのあと何名かの女性にインタビューした。

好きだった彼は暴力者か

百合香はタイトな薄黒のミニスカートを穿いていた。ボディーにフイットした白いシャツは、豊かな胸の膨らみがあり、若さを感じさせる魅力があった。

「百合香ちゃんは学生さんでしょう?」

「あれ？　判るんですか」

彼女は大学生であるが、卒業すれば教員になりたくて勉強中であった。しかし親元からの送金では十分な学習参考書も買えないので、比較的に学費を稼ぎやすい那覇市内のキャバレーでバイトをすることにした。

「どんな勉強をしているの」

「障害のある子の就学について、あるいは学校での災害にあったときの対策、奨学金、中学生の交流などを勉強しています。どうしてそんなことを聞くのですか」

昭枝は優しく答えた。「わたし新聞記者として、いや、同じ女性として、子どもたちへのセクハラ、いじめなどを取材しました。それで、参加された方のお気持ちも聞きたくて」

「あ、そうですか。……でも新聞に書かれるのはイヤです」

「女性として、女性記者の立場で聞いているのです。あなたにとって悪く書くはずはありません」

そのような会話があっても彼女は何度か顔を横に振った。しかし、記者の熱意を信用したのか、しばらくして百合香は相手の男のことを静かに話し始めた。

勉強疲れでストレスが溜まっていたとき、ネットで知り合った男が部屋にきた。別に怪しいことはしなかったが、彼は百合香が学生と知っているので、会う度に千円、二千円を渡し、「心ざし」を示した。百合香にはそれが嬉しくて、おもてなしのつもりで、ときおり握手の形を取っては彼に身を寄せた。

自然とほのかな恋心を持ったのも事実である。気を許して酒を勧め、自分もビールのカップを重ねて、いつの間にか2人は肩を寄せ合い、唇を合わせた。

「百合香ちゃん、愛しているよ、お小遣いも上げるからね」

百合香は足をふらふらさせながら、もつれた舌で「私、これ以上はしたくない」と、彼の手を振り切ろうとしたが、力が入らない。

「気楽に行こうぜ、悪いことしないさ、百合香が嫌いなことはしないよ」

「わたし、こんなことをするなんて、とても不潔に思う」

時間が経つにしたがって酔いが冷めてきた。この人が嫌いではないが、セックスを強要されているようで、彼女はどうしてもベッドに入りたくなかった。しかし半強制的に連れ込まれた。百合香はそれ以上抵抗しなかった。あきらめと言うより、私が好きならやむを得ないと思うことにして身を委ねた。ベッドで横になり、彼を受け入れることにした。百合香は彼が好きになった、と思った。しかしその後の彼は、百合香がメールで呼びかけても「返事」を返さなくなった。お金が惜しいのか、わたしが身を任せたら、後は関心を失ったということか。悔しかった。

これが「失恋のきざし」と言えるかどうか。「男と女の関係はわかりにくいところが多い」と、百合香は顔を伏せた。

詐欺男も性暴力か

同じくデモに参加して意見を述べていた須賀子が、昭枝記者の目を見つめながら、詐欺男にだまされた話をしてくれた。

「顔はまずくても、女は何かを褒めてあげれば付いてくる。美人なら鼻立ちを褒め、ヤナカーギー（醜女）には顔のことを言わず、着ている衣の色とか襟とか、言葉遣いなどを　褒めてやるといい気になる」

啓一という男は得意そうに酒屋で語り始めた。友人たちは笑った。話が面白いから啓一はどこの飲み屋でも持てはやされるらしい。おしゃべりが女性を惹きつける。腰掛けると女の子たちが寄ってきた。一番強く、彼に惹かれたのが須賀子だった。小金持ちの彼女は美人ではないが、胸も腰も整っていた。

「ね、啓一さん、なぜむかしは男が威張って女をいじめたの？」

「聞きたかったら酒を、酒を」と盃を出しながらしゃべり出した。友人たちは「また始まった」と耳を傾けようとしない。

「じゃ教える」と立ち上がり、右手でボトルを掲げて、もう片方の手で股間を指す。

「いかなノロやても、いちん下なゆる女わらべ」（どのような偉い女でも女は男のすることを待って反応する）

「今の世は違うよ、女が積極的さ」と友人たちがまた笑った。

年増の須賀子は、真意はともかく啓一が遊び相手として好きになった。年齢のシワが顔のあちこちに入ってきていることは知っているが、それでも啓一を誘った。

須賀子のアパートは那覇の街外れにあった。彼はベッドでたわむれて体に触れただけで、いっしょにシャワールームに行こうと誘ったのに、硬い表情で、

「先にひとりで入って」

と言うばかりであった。彼女は仕方なく、シャワーを浴び、啓一の所へ戻ろうとしたら大変なことが起こっていた。啓一が須賀子のバッグから金を取るのが見えた。あわてて裸のまま取り返そうとして転び、腰をしたたか打ってしまった。立ち上がれない。啓一に恥をかかされただけでなく、金まで奪われようとした。なんとかバッグは取りかえしたものの、啓一は足早に逃げてしまった。

このようなことは「泥棒か」「性暴力か」。須賀子は泣いても泣ききれず、悩みつつフラワーデモに参加した。しかし心は晴れなかった。

堕胎強制の身勝手男

秋穂は、雨の多い八重山石垣市で生まれた。父は海運業者で、母は野菜店を経営してひとり娘の秋穂を大切に育てていたのに、秋穂が15歳のとき那覇港と往来していた父に女ができて母と離婚、母もやるかたなく好きな男をつくり、家庭は崩れてしまった。秋穂は那覇に出て、市場のデパートで働き自活することにした。19歳であった。

目鼻だちがきれいで背丈も体の線も整っての美人だから、売り場では声をかけてくる男もいたが、父と母の行状を思って男性恐怖症になっていた。過去を探られるのもイヤだった。

それでも小金を貯めて31歳のとき四国地方へ旅行した。旅行社の募集だから20人ほどの男女で、知り合いは1人もいなかった。しかし自然が生み出した絶景を見ながらの楽しい旅路であった。美味なウドンの香川県、大自然が溢れる高知県、とくに夏目漱石も訪れたという愛媛県松山の道後温泉は沖縄にはない風情だった。同室の女性は読谷村の人で、話は弾んだが自分の生い立ちは話さなかった。その3泊4日の旅で知り合ったのが、津彦という40歳の男性である。3日も4日もともに行動すれば、さすがに心が通い合う異性が出来ても不思議ではない。

旅行の後、沖縄に戻って、2人はさらに親しくなった。2人は秋穂のアパートで愛し合い、避妊についても無頓着だった。初めて男の愛を知った秋穂は、半年後、津彦に妊娠したと告げたら、急に男の態度が冷たくなり、携帯電話にも出なくなった。

妻がいる津彦としては当然、産んで欲しくないだろう。秋穂は売り場の主に「この年になって妊娠できるなんて、ユメにも思わなかった。うれしい。産みます」と、大きくなったお腹をさすった。再三のメールで、とうとう彼が秋穂のアパートに来た。彼女が欲しいのは津彦ではなく、子であった。しかし津彦は「堕胎せよ」と執拗にいう。

秋穂は思わず、身のそばにあったカッターナイフを握り、抱こうとする彼の手に切りつけた。血が飛び散り津彦は「アワワワワ」と悲鳴をあげた。警察に通報され、秋穂は連行された。傷が大きくなかったので、3時間ほどで釈放された。

さらに月を重ねて生まれたのは女の子で、秋穂は「シングルマザーでも育てる」と自ら誓いながら、「男に罪はないだろうか」という思いで、その子を抱いてこのフラワーデモに参加したという。しかし他人に話したのは、昭枝記者との会話だけだった。新聞記者の意見が聞きたかったからである。昭枝は児童相談所を紹介して「しっかり育てなさい」と励ました。

高校生への教師セクハラ

清実は、最近、出会い系アプリで知り合った男と女子高校生を引き合わせ、みだらな行為をさせた飲食店の男が逮捕されたという新聞記事を読んだ。実は清実自身も、高校2年生のとき、当時36歳の男性教師から下半身を触られるなどのみだらな性被害を受けた。

その教師が話しかけたのは夏休みの前だった。校内行事の準備で下校が遅くなり、同級生と教室を出ようとすると「暗いから車で送ってあげよう」という。皆といっしょに乗り、清実は前席に座った。教師の車に乗るのは度々で、ときにはカフェレストランで食事を取ることもあった。「優しくて面白い先生だな」とみんなで話し合い、清実も好意を持っていた。

ある日、清実が下校し校門にさしかかると、その男性教師と顔を合わせた。いつものように、警戒もせず車に乗り込んだ。道中で食事に誘われたのでついていった。

「先生の授業は難しいところもあるけど、話は楽しい。みんなそう言っているよ」

「別に気取って授業しているわけじゃないさ。数学は数論や幾何学などの分野で研究とその成果を含めているからね」

「だから難しいのです」

「いや、社会は数学で成り立っているんだよ」

「ますます難しい」

教師と清実はそんなことをしゃべりながら、ハンバーグを口にした。恋愛経験も社会知識も乏しい年頃だったので、先生から大人の世界を聞かされてもわけがわからなかった。

清実は先生に誘われて、あるビルの一室に行った。突然、制服姿のスカートをめくられ、下着の中に手を入れられた。混乱した頭で「これ、いや、いや」と言ったのに、先生は「大人になるためだよ」と体をなで回し、やがて重なってきた。清実はただ我慢するだけであった。ブラインドを下ろしたビルの室では、窓を照らす夕日も見えなかった。

そのことは親にも言えず、友人にも語ることはなく、高校を卒業して那覇市の商店に勤めることになった。もう22歳になっていたが、彼氏はいなかった。もちろん先生との連絡も卒業以来途絶えていて話題にもならなかった。

清実は、それを「教師のセクハラとすべきか」判断に迷っているようであった。どのように考えるのか、昭枝は「あなたしだいさ」と、今さら敢えて〝決断せよ〟とは言わなかった。ただ、次のような県の相談所があることだけは伝えておいた。

《沖縄県性暴力被害者ワンストップ支援センターの統計によると、強制わいせつや強姦などの性被害相談の33パーセントは10代という。センターでは、未成年の被害が目立つことで、電話がつながりやすい方法をとっているが、担当者は「長い間、誰にも相談できず迷っている方は、勇気を出して来てください」（＃7001、もしくは電話098・975・0166）と呼びかけている》

昔と今が交差の台湾社会

総統選挙で意思示す

日本と韓国の仲がだんだん悪くなっている。戦後最悪と言ってもよい。日本は、安全保障上の輸出管理で優遇措置を受ける「ホワイト国」から韓国を除外する政令改正を閣議で決めた。これは半導体材料の輸出管理の厳格化に続く規制強化措置で、ホワイト国から除外されると、輸出に際して多くの品目で軍事転用の恐れがあると判断された場合に国の許可を受ける必要がある。案の定、韓国の文在寅大統領は「非常に無謀な決定だ」と、強い言葉で日本を非難した。

報復措置を含めて、さまざまな問題が連日新聞に報道され、目に見えない〝戦争〟が繰り広げられている。「日本人と韓国人はまったく違う人種」「危機意識を持ち始めた韓国民」「眼を覚ませ韓国」「対抗措置ではなく対話を」など、月刊誌も週刊誌も題材に事欠くことはない。中国、北朝鮮への牽制としてアメリカもハイテク封じに動き、台湾にF16戦闘機を売る手続きをした。アメリカは台湾重視の姿勢を強め、安全保障面でも台湾にてこ入れしている。

2020年1月11日には台湾の「総統選挙」があり、台湾人の考え方が示された。中国の台湾取込み政策に批判的な現職の与党「民主進歩党」（民進党）の蔡英文総統（63）が、国民党（中国が支援）の韓国瑜（高雄市長62）を破って再選を果たした。投票日前には香港政府への抗議活動を続ける香港の学生や市民が台湾で「民主主義を守ろう」と気勢を挙げた。「香港デモの危機意識」が総統選挙で彼女（蔡英文）を後押しをしたというが、投票率はなんと74・5パーセントだった。これは2019年の日本参議院選の48・8パーセントと比べても、台湾政治への住民意識が強いことを示している。有権者約1930万人で、民進党の得票数が810万票を超えた。定数113人の立法委員（国会議員）も過半数を超えて、戦後4回の総統選で最多数票を示している。そのウラには中国による、香港並みの「一国二制度」強制への抵抗がある。中国に強硬な姿勢をとる蔡総統が再選されたことにより、中国側がさらに台湾への圧力を強める可能性がある。蔡総統の再選に、日本もアメリカもイギリスも「祝電」を打ったら、それにも中国は反発している。

台湾政府が、より民主主義を取ることによって「日本との友好関係は深くなる」と、台湾の新聞報道（聯合報など）は伝えている。極端に言えば「韓国は反日、台湾は親日」ということである。

香港デモが意味するもの

世界的なニュースといえば、香港の民主化要求デモであろう。デモは2019年3月から始まり、7月には本格化した。参加者が求める「五大要求」とは、①民意無視改正案の撤回　②抗議デモに関して調査する独立委員会の設置　③完全に民主的な選挙の実施　④抗議を暴動とした認定の取消し　⑤抗議者の逮捕取り下げ。その中で「改正案の撤回」だけが実現した。

同年11月末、アメリカで「香港人権法」が成立した。人権侵害に関わった当局への制裁も可能という。

こうした一連の問題は、沖縄の新聞でも報じられて、昭枝たち同僚記者の話題も、しばしば香港の問題に飛んだ。

政治担当の大里長春記者が本土の新聞に目を通しながら、共同電の「中国政府と香港対応」を口にした。

「あれだけ強硬な姿勢を崩さなかった中国の習近平が弱腰に見えた」

「香港政府が拘束した容疑者を中国に引き渡す条例への反発デモだった。中国に批判的な言論や行動をすれば本国に引っ張って行かれる仕組で、これは言論を封じる習近平の手法だろうとの懸念があった。独裁的な習近平も、とうとうデモに負けて撤回した」

「デモは3ヶ月も続いたからね。マスク着用を禁止する法律まで作った。しかし議員の普通選挙では民主党が大勢を占めたにかかわらず政治改革など、４つの問題が残っている。デモが収まったわけではない。まだ続いている」

長春記者が話すように、２０１９年の香港区議会選挙では民主派勢力が全18区で圧勝した。香港人の究極の危機意識が反映されている。

「中国はイスラム教徒のウイグル人にも弾圧政策をとっているし、多少の違いはあってもモンゴル人、チベット人も圧力を受けているよ」

そのように語る長春記者から意見を聞きながら、昭枝にとって、香港問題はどこか戦後沖縄の過去に似ているように思えた。かつて沖縄は、何か問題があるたび、米国軍政府に交渉した。ラチがあかないと米本国に訴えた。しかし圧倒的な圧力で統治する米国は軍事支配を優先して大衆の民意を幾度も跳ね返した。住民は土地問題を含めてもがき苦しみながら、権利を主張した。沖縄の知事選挙でも、基地問題など県民の意向が示された。香港のような激烈なデモはなかったけれど、民意を解しない権力のどこかで共通するような気がした。古くは１９７０年のコザ騒動、現在も続く米軍用地問題などを含めて、沖縄県民の意思は受け入れられていない。

黒潮でつながる隣ジマ

韓国、北朝鮮と日本の関係を対照して、昭枝たちが「台湾への関心」を触発されたのは、香港デモだけでなく、ごく最近刊行された『「沖縄籍民」の台湾引揚げ証言・資料集』（琉球大学法文学部・編）と『むかし日本人・いま台湾人』（梅桜校友会編・明日香出版）を読み通したからである。それが台湾と日本の関係、交流の原点と感じた。

学術的な意味を込めた引揚げ証言集で、戦後間もないころの台湾引揚げ者の体験こそ想像以上の苦悩が重なっていた。もう1冊の『むかし日本人……』は、あまり知られなかった台湾原住民地域にも足を踏み入れてこと細かく資料を集めている。台湾引揚げ者の証言を担当した琉球大学の中村春菜講師は「戦後政治が映し出されている」と言い「戦前、戦後を個人のライフヒストリーとして位置づけて記録した」と述べている。両書籍とも日本統治時代を生きた最後の世代が語る草の根の証言であり、時代とともに価値が高まっていくであろう。

もう一つ、台湾と沖縄の関係を具体的に示す展示会があった。2019年9月から11月まで、沖縄と台湾関係の資料、飾り物などの展示と映画をあわせた「黒潮でつながる隣《とうない》ジマ」展が県立博物館・美術館で開催された。古い戦前の地図「地理から見る台湾」、日本植民地時代の「近代の台湾」、戦前・戦後の「沖縄から見た台湾」、パインなどの農作物、漁民などを扱かった「台湾と沖縄」、若者たちによる新しい文化運動「現代の台湾と沖縄」など、この展示会は入口から飾り物が華やかであった。さまざまな文化資料、戦前に使った「皇民化教科書」、「若き教師に贈る」という軍国教育の参考書、台湾在の沖縄漁民を取材した「民俗台湾」の調査資料など、台湾の歴史・文化や沖縄とかかわる資料が豊富に並べられている。現在、日本文化の名残を示す台湾人の季刊「台湾歌壇」各集もあった。引き続きの「台湾と戦前の思い出」映画は繰り返しが少しくどい印象もあったが、この展示会は戦前から戦後にかけての台湾を知る上で、若い記者たちにいい刺激となった。

「なぜ韓国と台湾は違うのだろうか」

「戦前まで、同じ日本の植民地であったのに、台湾からは〝反日〟の報道はほとんどない。むしろ友好的である。韓国とどこが違うのか」

もちろん国際情勢、中国との対応など、政治的、国際的関係の違いは解るが、台湾の人びとは「植民地時代」と「現在の社会」をどう受け止めているのか。戦後生まれの屋比久森乃は新聞記者の感覚で、台湾の人たち、とくに日本統治時代を生きてきた原住民が現在、時代をどう考えているのか、皇民化を押しつけられた「植民地時代」を体験した人たちから意見を聞いて見たくなった。

その「引揚を語る、引揚を考える　連続シンポジウムin沖縄」という、引揚げ者証言と裏付けを示す研究会が、琉球大学法文学部で開かれた(2020年2月2日)。「満州引揚げ証言」も同時だったが、引き続き学者の研究と資料「戦後台湾でできた幻の学校」(中村春菜)、「金武湾から見る移動、引揚げ再移動」(謝花直美)など、貴重な歴史の学術研究が目を惹きつけた。
『歴史とは何か』(自由社)で、台湾出身の作家・黄文雄は日・中・台・韓の歴史の差異を巨視的に捉えて「史観は国家、民族によって異なるだけでなく、文化、宗教によっても違う。さらに利害関係によっても違う。個人や団体だけでなく、世界の潮流によっても、時代によっても変化がある」と述べ「認識された過去の事実こそ、伝わる歴史そのものの〝証〟ではないか。歴史を洗い直す機会があっても良いのではないか」と締めている。日本植民地、敗戦による日本人引揚げは台湾の歴史、まさにそれであろう。

したがって森乃は中台とか日台などの国際政治論ではなく、なるべく台湾人集落、原住民の多くがいる蘇澳の山手あたりを訪ね、近代史としての日本統治時代を知る長老たちの話に触れることを考えた。植民地時代を語る著書や資料などは数多く出ているが、もう体験者は高齢化とともに、年々数少ない存在になっている。彼ら彼女らの草の根の発言から日本植民地時代の社会的雰囲気全体を感じ取るのは難しいが、具体的実態を知るには、遅いくらいであると、新聞社では判断した。それで、台湾引揚げに関心を示す屋比久森乃記者を台湾に派遣したのである。

貢寮の街で「戦後」を見る

森乃記者は、いまだ残っている差別社会の実情と現状を概念的には知っていた。しかし台湾で老人たちの体験談を多く聞きながら現状を記事にすれば、沖縄にとってもひとつの歴史になるかも知れないと思った。

最初に訪ねたのが、首都台北市に建つ総統府である。ここは日本植民地時代の総督府で、当時の台湾差別、原住民差別の象徴でもあった。

森乃が「沖縄の新聞記者です。台湾と沖縄の関係について取材に来ました」と告げたら、総統府の高官が「幸會《シンホイ》、幸會」と、にこやかに迎えてくれた。「初めまして」の意味もある。「報道官」の肩書きを持つ役人に先導されて孫文記念館、石門水庫、媽祖を祀る天后宮などを案内してくれたが、「中国への反発」の政治的な意味を離れて、街には「哈日族《ハーリースー》」と呼ばれる日本びいきの若人が多いことに気づいた。「こんにちわ」「日本人、たくさん台湾へ」など、笑顔の日本語で迎えてくれた。

台湾には、原住民の蜂起「霧社事件」、名所「日月潭」、新石器時代の「卑南遺跡」、富士山より高い「玉山」（３９９７メートル）、南端の屏東県近くには「琉球藩民五十四名墓」、南東部の「牡丹社事件」など、沖縄にかかわる碑や遺跡が多く知られており、それらに関する著作もいくつか出ている。台湾各地には日本統治時代の建物がまだたくさん残っていた。

台北市内を回ると、古亭站（駅）から十分ほどのところに、日本人の栄華の跡を示す高級料亭「紀州庵」があった。日本式瓦屋根と畳の間を拝見して「歴史と日本への意識」を感じた。案内の説明によると、２度も火災に遭ったのに市民らが協力して復元、保存したとのことである。

台北市の龍山寺も有名な寺院のひとつで、地元の信仰を集めている。大きな線香を上げて祈る人の姿があった。案内の人が「台湾人は占いが好きです。結婚の時も果物や御菓子をいっぱい供え、投げて落とした竹の裏表で将来を占い、龍山寺の周囲を回って祈ります」と説明してくれた。清の時代に建てられた寺院で、この寺院には道教の神と仏教の仏が祀られていると聞いた。龍を彫った石柱の周辺に群がる参詣の人並みと筮竹占い、捧げられる香火が絶えることのない台湾の〝聖域〟である。

市内の街角でよく見かける「布袋戲」（人形劇）も面白い。人形芝居であるが、修練を重ねた一つの深い技芸が秘められている。台湾の庶民的芸術と言ってよい。森乃は、その技を活かして沖縄の各地で演じられた「チョンダラー」（京太郎）と共通するように見えた。

沖縄で長年活動している人形劇「かじまやぁ」の桑江純子代表は、台湾の鍾任壁老師から「布袋戲の技芸を活かした扱い方」を学び取ったひとりである。沖縄的な特徴も加えて、独特の庶民芸として、指で動く人形の華麗さが子どもたちにも喜ばれている。

台湾は夜も昼もにぎやかである。各地にある朝市・夜市は欠かせない観光スポットであった。朝市は女性であふれ、夜市は遅くまで観光客らしい男女があふれ、並び立てられた品々に目が移る。価格が安いこともあって活気に充ちていた。

それらを含めて特に森乃記者が取材したのは、沖縄とも関係が深い北東部の澳底と貢寮である。北部の港・基隆から車で50分ほどのところ、森乃は車ではなく台湾鉄道宜蘭線に乗って瑞芳、九份の老街から雙渓を過ぎると貢寮の街に着いた。すぐ隣りは1895年5月29日に北白川宮能久親王の台湾征討軍が最初に足を踏み入れた澳底海岸である。

森乃は能久親王寄港の碑が建つ沖縄の旧佐敷役場（現・南城市）を思いつつ取材を始めた。さいわいに貢寮で生まれ、近くの金瓜石で戦争を体験したという98歳の老人、邱文木爺さんに会うことが出来た。日本語を使うのは久しぶりというのに、口をゆっくり動かしてなかなか上手だった。

「空襲が激しくなると、日本人のお金持ち、山地の澳底に土地買い占めて台北から疎開してきた。わたしも、疎開を手伝ったり、空襲のときは防空壕に案内したりして手助けしました。ところが澳底・貢寮に移るとき、途中で強盗に襲われて日本人の持ち物が取られてしまった。戦時中の混乱と物資不足で治安も悪くなっていた。相談を受けたわたしは、知り合いのヤクザに運搬の警護をやらせました。戦争終ってからは、さらに治安が悪くなって、日本人の財産を略奪する強盗が多くなり、日本人はおびえていた。日本人が引揚げのとき、持ち帰れるおカネと荷物に制限があったね。1人が千円と着替えの衣類だけ。親しい日本人の家族の着物にお札を縫い付けてあげました。検定をごまかすためで、うまく通りました」

「もう一つ、戦後まもなく貢寮で恐ろしい事件がありました。それが今日でも話題として残っている。大陸から来た外省人（温州人）の、20歳代の男が土地の金持ちを襲い、主人を殺して金品を奪った。その男が捕まって地元の駐在に連行され、抵抗したため両手を後ろ手に縛られ首に縄がかけられた。『犯人は死刑になるらしい』とのうわさ通り、小川にかかった橋の上で、2人の巡査が犯人を押さえ、1人が刀で処刑するという。橋の周囲では大人も子どもたちも大勢が成り行きを見ている。1人の巡査が喉を絞め、もう1人が鋭い刀を振り上げた。犯人が「アーホウロントン」（あ、喉が痛い）

と悲鳴をあげているのに、そのまま斬りおろした。貢寮の年寄りたちは今でも覚えています」

邱文木爺さんの話は尽きず、真実味を帯びていた。路上での残虐な処刑、大陸から来た中国兵の横暴など、まだ身震いする事件の話もあったが「罪を犯せば厳しい罰を受けるぞ」との、日本敗戦直後の戒めだったと邱爺さんは付け加えた。

敗戦直後の社会は、筆舌に尽くせないほど荒れていた。森乃記者はすべてメモしたが、あまりにもむごたらしく詳細な記事にはしたくないほどの出来ごとだった。

原住民哀話「サヨンの鐘」

台湾の原住民はアミ族、パイワン族、タイヤル族、タロコ族、ブヌン族、プユマ族、ルカイ族、ツォウ族、サイシャット族、タオ（ヤミ）族、クバラン族、サオ族、サキザヤ族、セデック族、カナカナブ族、サアロア族など、日本人には覚えるのに苦労するほどの民族がいると、森乃記者は教えられた。森乃は宜蘭県のすこし奥のタイヤル族を訪ねることにした。ここは戦前、沖縄の漁民たちがいたところで、その足跡も知りたかった。

台北から北東へ足を延ばせば、1800メートルという高い山々に囲まれ、木々がムラ里を覆うように茂った豊かな自然や南国の情景に出会う。どこか沖縄のヤンバルと重なる台湾の魅力であろう。森乃記者は温泉地として知られる烏来の近くに古くから住むタイヤル族集落に入ったが、一見してその生活は素朴に映った。

「タイヤル族の人口は8万5千人、原住民では2番目」と聞いていたが、さすがにムラ中はささやかなカフェや小ぎれいな教会もあって、袖無しピンクと黒の縦型上衣に短めのズボン、赤いはちまきの姿、しかもハダシに近い薄靴で山を駆け上る女性の軽やかな姿が見えてきた。森乃は、近くの民家で鄭茂林(96歳)さんという老人を訪ねた。

「ここに日本人、あまりいなかった。でも日本人よかった」と、日本植民地時代に犠牲となった「純情な娘の哀話」を老人から聞いた。

嵐吹き巻く峰ふもと

１９３７年の日支事変（日中戦争）のころ、この標高１２００メートルほどの山麓、タイヤル族・リヨヘン社集落に、サヨン・ヨハンという可愛い娘がいた。花を摘み摘み山から山へ、学業優秀、日本語も上手だったので、よく公務の手伝いをした。日本統治下の公務所の代表は日本人の警手（巡査兼教師）田北正紀という人で、タイヤル族から慕われていた。台湾は年を重ねると工業生産が農業生産を上回り、戦争がだんだん激しくなって、人々の感情は高ぶっていた。サヨンは16歳となり、どうしたことか田北にほのかな恋心を抱くようになった。

時代の波を受けて翌年、田北にも赤紙、つまり召集令状が来た。軍国時代だから純な恋心も捨てさせるほど厳しく、サヨンは友人たちに手荷物の包みを手伝ってもらって、ともに台北市の陸軍部隊まで彼を送ることにした。

出発の日は朝から荒れ模様で、昼あとにはとうとう降り出したが、それでもサヨンは荷物を頭に載せて30キロメートルの山道を下ることになった。軍の命令は絶対である。嵐や雨を押しのけても行かねばならない。大雨で激流となった南澳渓という大きな河の丸木橋にさしかかったとき、サヨンはバランスを崩してあっという間に激流へ転落してしまった。

田北の手ではどうしようもなく、報せを受けたリヨヘン社の人たちが河川を何度も捜索したのに、手に持つ小さいトランク3個が見つかっただけで、とうとうサヨンの姿は見えなかった。激流に流されて探しようもなかったのである。

その日を正確にいえば「1938年9月27日」である。純真な娘、美しい乙女サヨン・ヨハンは17歳の若い命を散らしてしまったことになる。

その話を聞いた、時の台湾総督・長谷川清海軍大将は早速遭難現地に「愛国乙女サヨン遭難の地」と刻んだ碑を建立した。軍国を讃えるというより、原住民の心を心とするサヨンを讃えた歌がある。

1　嵐吹き巻く峰ふもと　流れ危うき丸木橋
渡るは誰ぞうるわし乙女　紅き唇　ああサヨン

2　晴れの戦《いくさ》に出でたまう　雄々しき師の君なつかしや
担う荷物に歌さえ朗ら　雨は降る降る　ああサヨン

3　散るや嵐に花一枝　消えて悲しき水けむり
リヨヘンの森に小鳥は呼べど　何故に帰らぬ　ああサヨン

4　清き乙女の真心を　誰か涙に偲ばざる
南の島のたそがれ深く　鐘は鳴るなる　ああサヨン

鄭茂林爺さんは小さな木の葉を左手に持って、きれいな日本語で歌ってくれた。さいわいと言うか、森乃はサヨンの姪に当たる老女性にも会えた。「琉球ですか、台湾近い。私行ったことない」とにっこり笑った。森乃は涙をこらえきれずハンカチで目頭を拭いた。鄭爺さんの目も、姪のお婆さんの顔も潤んでいるように見えた。

森乃は「チンヂーイーシィア」(御願いします)と頼み、遭難の地に建つ「サヨンの碑」を訪ねた。古びていたが、今も残っていたので手を合わせ、その素朴なサヨンの愛に頭を下げた。

典型的な母権社会アミ族

森乃記者はさらに原住民のアミ族・林秀平さんを訪ねた。ここは花蓮から台東へ向かう台湾中部で、さすがに台湾の山霧はどこでも深く神秘的であるが、アミ族集落の朝霧は幽玄な自然の世界を醸し出している。この地こそ広く知られている、例の「霧社事件」(1930年10月27日に起こった日本支配への原住民の襲撃抵抗)があったところである。

そのような事件に触れることはせず、森乃はアミ族が「典型的な母権社会」であることに興味をひかれた。林秀平さんは『むかし日本人・いま台湾人』にも出ている陳秀吉さんと学校の同級生、戦前の落合部落の生まれで93歳である。「ここ落合、女性が家をかまっている。男は難儀しない。楽しい」と笑っていたが、神を祀るのも女性の仕事で、男性は山で木を伐ったり獲物を捕ったり、後は畑を耕すだけという。アミ族にはさまざまな女性の踊りと歌があり、芸があり、華やかな民族衣装で多く披露されている。その衣装と動きが、どこか沖縄の女性神たちノロ時代に似ているようであった。芸も御冠船踊りに似ていると思った。アミ族の集団踊りは森乃も沖縄で何度となく見ているが、現地での芸と女性たちの祈りや話に、より身近な感じを受けた。

「女性中心、他の種族より踊り、芸が多い」と、林秀平さんが手を振っていたように、多くの住民は小ぎれいな家に住んで、手振りも芸的にさえ見えた。日本時代のむかしは草ぼうぼうの山で、20軒ほどの貧しいムラであったという。家も草葺きで、部落では毎年、祖先の神へ「年の収穫ありがとう」と、祈りの芸をしたが、女性たちの祈りの行事は簡略化されながらも現在まで続いているという。

森乃はアミ族への親愛の情をかき立てられた。訪ねたその日は子どもたちが小川に行って小魚をとったり、身の汚れを流すための水浴びをしていたが、同じ種族ながら集落によって独特の芸能がある。それも沖縄の地域で盛んだった独特の「ムラ遊び」と共通するように思えた。母権社会と言ってもすべての公の物ごと、たとえば芸能の仕立てや祭典の荒仕事は男性が、祈りを含めた芸と家庭の行事は女性が受け持つとの意味らしい。

森乃は沖縄から取材に来た意味をかみしめ、大勢の男女が手を降って送ってくれたアミ族への未練を残しながら集落を後にした。

琉台友好「ウミンチュの像」

森乃記者が次に足を運んだのは、沖縄の「ウミンチュの像」が建つ北部基隆の社寮島「和平嶼」である。小雨が降っていた。〝雨のキールン〟といわれ、台湾で一番雨が多い地域として知られている。

金関丈夫の『民俗台湾』（海辺民俗雑記）によれば、沖縄の漁民たちは1925年ごろから台湾北部に移住し、その後560人ほどの漁業集落を形成した。台湾人は沖縄の漁民たちに居住地を提供し、それに対して漁民たちは漁法、造船、漁具修理など、漁業全般の技術を惜しみなく伝えた。台湾人と沖縄漁民が共助し、まるで親戚家族のような暮らしをしたという。

戦前までここには70戸ほどの沖縄住民（主に久高島、平安座島あたり）が住んでいて、住宅造りや畑仕事など、共同作業で助け合ったとのことだった。沖縄の〝結いの心〟で、異郷の台湾でも沖縄の人たちが助け合う心の根強さを示したと言えよう。

戦争と日本の植民地統治が終わって琉球漁民集落は消滅したが、戦後も基隆市民は、長い歳月をかけて「和平嶼」近辺に散在していたスペイン人、オランダ人、原住民、そして琉球漁民の遺骨を収集し、思い出とともに近くの寺院「萬善公」に祀ったのである。

沖縄各界の有志は、祖先の御霊を祀ってくれた基隆市民へ感謝の意を表すとともに、万世の友好と平和を祈念し、ここに『ウミンチュの像』を建立した。像は黒石造りの、右手に櫂、左手は海の彼方を指さす立像で、海の青さと小さな森が調和していた。

2011年12月1日、琉球ウミンチュの像建立期成会会長・名城政次郎、発起人・許光輝・石原地江氏らの発案で建設、開幕式典には沖縄から関係者が20人ほど、基隆から25人が参加して交流を深めた。

戦後間もない1947年2月28日の「二・二八事件」はこの島とも関係が深く、基隆と沖縄漁民が苦悩させせられたできごとであった。武力による台湾人鎮圧のため、中国大陸から派遣された精鋭の陸軍部隊はまず基隆に上陸、台湾への弾圧と大虐殺の引き金となったが、この事件はとりわけこの島で残虐な清郷工作が進められ、多くの死傷者が出た。この事件が中国の国民党政権による台湾民衆への弾圧と虐殺の引き金となった。台湾社会に深い傷をつけたが、犠牲者の中には沖縄出身者30人余りが含まれていることも明らかとなった。

遺族のひとり、青山恵昭さんが二・二八事件の基金会に賠償請求をしたところ、当初は台湾政府内務部の意向もあって拒否されていたが、2016年2月、裁判所の判決により、賠償命令が出たことは新聞ニュースで知られている。

地理的な近さもあって、台湾と琉球とは漁業でも強い結びつきがあった。ここ「和平嶼」はそうした中でも特別な「沖縄的意味」を持つところと言えよう。

森乃記者は、嘉義市の郊外に建つ「二・二八事件記念碑」を訪れることも忘れなかった。

「小琉球」という小島

森乃記者が最後に取材したのは、台湾の南端、屏東県の西南に浮かぶ「琉球嶼」だった。説話によると、中国の歴代王朝は長い間、「化外の民」（統治外）にした台湾と、交流を深めた沖縄を区別することで、明朝（1368年～1644年）のころには沖縄を「大琉球」と呼び、台湾を化外の島「小琉球」と呼称するようになった。それは島の大きさではない。交易と文化の比重による呼び方であろうと、総統府の係官は説明してくれた。

いずれにせよ、台湾に「琉球」があるというのだから面白い。その小琉球を目指して、屏東県の東港から発動機付きの連絡船に乗り込んだ。

島がようやく見えてきた。1時間ほどかかっただろうか。やっと島に着いたものの波と風で顔化粧は崩れるし、上衣も濡れている。熱帯の紫外線と濡れを気にしながら森乃は上陸した。

ともあれ、明るくさわやかに起臥したような小島であった。沖縄の渡名喜島に似た感じもした。見慣れない島ではあっても森乃は「琉球」を好意的な気持ちを持って回ろうと思った。

「ヨンソウタ・ノエンタオマー？」（歩いていけますか）と会う人に聞くと、「ホウラーホウラー」（いいですよ）と愛想よく教えてくれた。台湾では琉球嶼を（リュウチュウイー）と発音するらしい。漁業を主とする面積7平方メートルほどの静かなムラであった。浜辺の近くに「琉球郷警察」の看板があり、少し行くと「琉球國民小學」や「琉球郷公處」（村役場）の門が見えて、森乃は初めて訪問したにかかわらず、何か親しく懐かしい感じがした。ここは台湾で最も他種類の珊瑚礁で成り立ち、島全体の地質や地形が変化に富んでおり、絶景と海鮮が楽しめるのも沖縄と共通するように思えた。

歩いて行くと港の近くの木陰に座っている老人がいた。老人なら日本語が話せるかも知れないと思って「こんにちわー」と声を掛けたら「ニーハオ」（こんにちわ）と、老人も手を上げてあいさつした。親しみを込めて、「シーアンチンニーバンガーマン、ゴワルウチュユウラン。ハイセー、タイワンティアボー（ちょっとお願い、わたしは琉球人です。台湾語あまり解りません）」と、変な台湾語で言うと、老人が大声で笑った。「それ台湾語。私、日本語、少し解るよ、アハハハハ」

多少ヒゲが伸びた、感じの良い老人であった。「私は漁民、歳を取って何もしない。あなた、琉球、いや沖縄人か、親戚、親戚」と話に乗ってきた。この老人の名は廖顕紹さん、93歳というのに若々しい。

「ここ琉球嶼は人口1万2千余人、教員と、警察官のほかはみんな漁民と老人」

「（この島は）沖縄と似ています。観光客もたくさん来ますか」

「琉球沖縄の人、日本人、あまり来ません。中国の人、ここに来て威張っている。私は、北京中国語より日本語話が上手、あなた、ここ初めてか。サバ、カツオ、イカ、何でもとれる。日本の時代、あなたの沖縄人が6人いた。魚捕っていた。よく働いていた」
1937年に、沖縄の伊江島出身の儀間正良という人が、この島の庄長（村長）として務めていて『自分は琉球人ではなく沖縄県人である』と言い「島びとたちとよく漁業の話をして仲がよかった」とのことだった。

その廖顕紹爺さんが、考え込むように日本時代の昔話を語り出した。

公学校（小学校）のころ一番楽しかったのは、毎年10月の運動会であったという。爺さんが小声で「運動会の歌」を歌った。

待ちに待ちたる運動会　　来たれり来たれり
あー愉快　　吹く風涼しく日はうららか
鍛えし技術慣れたる手並み　　正々堂々いでいで示さん
真っ先かけて遅れはとらじ　　真っ先かけて遅れはとーらじ

そんな日本時代の歌があることを、森乃は知らなかった。爺さんは歌の意味を話しながら、その時になると台湾本島にいる兄や姉、親戚も島に来て、運動場で弁当を広げて食べる。ここは魚しかないが、運動会には豚肉が食べられる。子どもたちがパンツ1枚で走ると、みんなワーワー言って「我が子」を応援したという。

寥爺さんのもう一つの話は遠足。弁当とおやつを持って島の花瓶石を見て蛤板湾の風景を見ながら美人洞窟、烏鬼洞、山猪溝などを歩き回る。小さい島だから見慣れているが、弁当と友達の付き合いが楽しい。子どもたちは家に帰っても忙しい。母とともに小舟に乗って屏東の街に魚を売りに行くことも多かった。「みんな貧乏だったが懐かしい」と、両手を挙げた。

右手をふところに入れて、島の名物「干しイカ」のお土産を持たしてくれた。「シャーシャーシーアーシェイニー、ダーハオイー」（ご親切に感謝）と、もう一度、下手な台湾語で礼を言い、森乃は「琉球」島を引き揚げた。

琉球芸能と新聞記事

芸能資料として『石扇回想録』

琉球芸能の拠点・御冠船踊りは、置県後の学校教育から除外されて民間の芝居、芸能が、戦後へとつなげた。その意味で、1982年6月に刊行された沖縄芸能物語『石扇回想録』は、昭枝たちが琉球芸能を取材するときの、一つの参考資料として役目を果たしている。

1893年生まれの芸能人・島袋光裕の芸能活動をまとめたもので、「冠船時代」から「廃藩後の芝居」「現在の芸能界」と、おおよそ三部に分けられる。昭枝の見方によれば、一つは「芸能の思い出と聞き書き」二つ目は「役者生活の哀れと歓」、三つ目が「戦後の芸能復興物語」と言うことになる。

女の思いと優しさ「薫風守藝の舞」

昭枝ら3人の女性記者は暑さを避けながら、那覇市西町のささやかなレストランで戦後沖縄の芸能復興について語りあった。『石扇回想録』がその手許にあった。

「あのー……」

ふいに声をかけられ、振り返ると、ここの常連らしい初老の男がいつの間にか背後に立っている。外の屋根の樋を流れる夏雨のせいで、男の足音も聞こえなかったらしい。別に秘密めいた話題でもなかったので、そのまま呼びかけに耳を傾けた。

「すみません、驚かせてしまいました。皆さん、新聞記者の方々と思いますので、大変申し訳ないんですが、この花風舞姿の写真ですけれどもね、この人が国立劇場おきなわホールで『芸歴六十五周年記念公演』を独演します。もう73歳、年齢ですが、美しい花風舞を披露いたしますので、ぜひご協力をお願いします」と、渡嘉敷流守藝の會3代目の舞踊家・金城光子師匠の写真入りのきれいなパンフレットを渡してくれた。

「芸華の美と光！」とあり「薫風守藝の舞」の筆勢が大きく映えている。踊りをする金城師匠は「諸鈍」「花風」のほかに古典女踊りの「かせかけの想い」「江戸上り口説」もプログラムに組んである。「目付で踊る独特の手踊りがどのように舞台を飾るか、ぜひ観てもらい、取材もお願いします」と、男は若い記者たちに頭を下げた。昭枝たちもついパンフの裏表に目を通した。

「73歳が老人かどうかは別にして、この年齢で『花風』を踊るって面白いね」

「年は重ねても芸人は芸の心を忘れないさ」

「舞台化粧法があるらしいよ、厚化粧かな」

そのような憶測はさておいて、尚美と昭枝はカメラマンとともに「芸の華」とも言うべき、その舞芸を取材することにした。

（２０１９年）９月22日午後2時開演の劇場は観客であふれていた。門弟による「かぎやで風」で幕を開け、「高平良万歳」「江戸上り口説」「諸鈍」などの演目が並んでいた。琉球芸能の真髄を極めての演目であり、「かぎやで風」を12人で踊っていたが、まず右手を挙げながら扇子を立て、左足を後ろに引く。体を左斜めに構えるところに見どころがあった。その滑らかさが観衆の目を見張らせた。

「花風」は艶やかな至芸で、傘を舞台につけて肩に持っていくのも独特な振り方と言えよう。ジュリの恋心を示す、色気あふれる手巾の振りに注目した。

次は「かせかけ」。他流派の舞踊「かせかけ」は全体が2曲構成で、前段を干瀬節、後段に七尺節を二つ、思いを心地よく晴らしていくのが多い。しかし、今回の守藝の會の踊りは『想い』を重ねて「花もやすらみ節」、それに「サーサー節」をつけ、カセを織る仕草と踊りの調和がよく、見応えがあった。

「素晴らしい。踊りはよかったが、創作としてのかせ織りの手付きがリズムと折り合わないのが少し気になった」

踊りを見慣れている尚美記者が小声で感想を語った。昭枝も「なるほど」と同感した。この「かせかけ」織りの手が八重山勤王流舞踊「かしかき」に少し似ているところもあった。尚美記者は取材しながら、その次の二才踊り「高平良万歳」には、確かさと所作が大切だなと思った。

観衆を沸かせ、つい手拍子を誘ったのは、「瓦屋《ナカラター》」だった。門弟の踊りだが出羽・中踊り・入羽の3曲構成で、「月見踊り」ともいわれるだけに、夏の夜の野原を照り明かす十五夜の月が美しい。快い風が袖をくくり、遊びも華やいで時がすぎていく。「さ、帰ろう。好きな彼氏がわが家で待っているはずよ」そのような意味を込めて、静かな足取りで舞台を後にする。両手が肩の高さまであがり、足使いも軽やかで、女の思いやりと優しさが見える踊りだった。

「道行き」の心構えを示す「江戸上り口説」は出演4人の手が合っていた。なんと言っても、踊りの真髄をきわめたのは師の踊り「諸鈍」であった。動きを押さえて、想いを胸中に込め、目付きで踊る独特の「三方目付」(三角目付)、「枕手」、「抱き手」など、踊りの醍醐味を見せてくれた。「思事のあても他所に語られみ」恋に悩む熟女の少ない動きだからこそ、「薫風守藝の舞」の深みが観客に伝わったのではあるまいか。

演目にはなかったが、最後に付け足した「楽しき朝」では、畑仕事に出かける夫を見送ろうとする妻と夫の、それこそ茶目っ気たっぷりのコミカルな掛け合いが、会場を笑いに包んだ。

渡嘉敷本流守藝の會3代目・金城光子の芸道65年を記念する公演として、集大成の舞を流麗に繰り広げた。もちろん、紙面でも写真入りの記事で大きく報道した。

至芸・億兆拚踊石扇の舞

「島袋光裕三十三年忌です。新聞社共催で、記念公演にしたいのですが」と、島袋本流紫の会琉舞練場の家元・島袋秀乃ら芸能関係者から新聞社に話が持ち込まれたのは2018年6月だった。新聞社は「これまでの長い関わり」に配慮して快諾、演目に特色を持たせながら、実行委員組織についても「奥深い華やかさ」を提案して紙面を活かすことにした。

協議の結果、2019年も暮れようとした師走15日、国立劇場おきなわ大劇場で「島袋光裕三十三回の年忌」を祈念して顕彰追善公演を開催した。回想録に込められた平和社会への祈りを「億兆拚踊・石扇の舞」としたのも良かった。「石扇」は書家としての号である。新聞社と有力企業の共催であるから、企画担当者を中心とする特集記事、写真集などの取材だけでなく紙面企画でも忙しかった。

昭枝は当日、演目を確かめながら舞台の取材に当たったが、「三十三年忌」は節目になるので、その意味を込めて高弟による演目が多く組まれた。例えば国指定舞踊家10人出演による奥深い「かぎやで風」、2代目・光晴宗家が踊った「葉かんだ」は独創性にあふれ、門弟出演による「夫婦鶴」は素朴ながらも花嫁と新郎の初々しさが舞台を飾った。「瑞雲」はチョウ鉢巻に広袖、御冠船時代の服装を再現して太鼓の響きが舞台に響いた。「七つのひな」はさりげなく人の道を説く芸だった。「慶雲」は3代目・秀乃師と門弟が踊った。この踊りは初代光裕師の持ち芸で、組踊「万才敵討」から抜き出して舞台芸に仕上げた。師範・漢那七子の「鳩間節」は、技の軽さと表情が美しく、至芸であった。「あらの一粒」も子守の様が良く出て面白かった。幕締めの「鼓ばやし」こそ多人数の門弟による芸で、観客の拍手が鳴り止まなかった。「光裕の出演芝居」再現がないことに、少しもの足りなさを感じたが、八木政男と宇座仁一のやりとりがおもしろく笑いを誘った。

催すに当たり、実行委員会（文化人46人）を結成して推進を図ったことも観客動員に影響したようである。この公演が新聞紙面を「特集」で飾ったのはいうまでもない。終幕で実行委員長と新聞社代表に「花束」が贈られた。新聞社の総動員で、この公演は盛会に終わり、華麗に紙面を飾った。

島唄ライブの店じまい

新聞記者はそれぞれに琉球芸能を取材する機会が多い。古典舞踊の玉城流、島袋本流、柳清本流、渡嘉敷本流、真境名組踊会、古典音楽では湛水流、野村流、安富祖流などの取材も重ねてきた。芸能に関心がある上城尚美記者は民衆芸にも目を向けて、民謡の大家・上原正吉の島唄ライブ「ナークニー」の取材に挑んだ。店じまいの３日前（２０１９年９月30日閉店）だった。

その日の夕刻、尚美は那覇市牧志の「ナークニー」の大きな立て看板が見える、2階の舞台に足を向けた。演芸場には、既に客が14、5人いて、中には観光客らしい人も目についた。舞台正面に飾られた紅型の中央に、大きな文字で「感謝」と書かれていた。

島歌が始まる前、正吉は尚美記者の取材に対して、「光陰矢のごとし。10年ひと昔と言いますが、道場を開いて60年、時の早さに戸惑いを感じながらの閉店です」と、少し涙ぐんで語ってくれた。「民謡を通して沖縄の心を訴えた」という。店じまいの話を聞きながら、尚美はメモを急いだ。

「店を閉じてしまえば、透き通るような美声と表情豊かな『正吉の歌声』は、もうこの場で聞けないだろうか」と、尚美は胸を詰まらせた。

波乱と協和が混在する歳月であった。それを支えて舞台に立ったのが妻の恵美子である。正吉（愛称マサー）は幼いときに父と母を喪い、道路工事などで働きながら孤独の心を民謡に打ち込んだ。妻となった恵美子も10代から民謡に惹かされてよく唄っていた。

2人とも沖縄民謡界の大御所・前川朝昭師の門下で、その作「行き逢えばきょうだい」(イチャリバチョウデー)を唄いながら知り合う仲となり、前川師を介して結ばれた。縁とは不思議なもの、正吉は今帰仁の生まれ、恵美子は南風原で生まれた。北と南の縁結び、結婚したのは1964年、正吉23歳、恵美子19歳であった。

以来、夫婦は子や孫に恵まれながら多くの風波をともに過ごし、むしろ妻・恵美子のカゲの力に支えられながら正吉は魅力あふれる民謡の大御所となった。

正吉と恵美子、大阪生まれの門弟・雉鼻千佳らが謡う「今帰仁ナークニー」「ウムヤー小」「ハンタバルー」「あかばんた」は、多くの拍手を受けた。のちにアカバンタを腰当杜《クサティ》とする南城市手登根の有志(宮城紀雄代表)が建立した「あかばんたの歌碑」開幕のときも正吉夫妻の歌が感動を与えた。

「人の恩を常に思うこと。人のために尽くせば自らの心に報われる」

正吉は尚美記者の質問に答えて、こう語った。尚美は、このコトバがありふれたものではなく、正吉の身の上から発した「金言」と思った。正吉、恵美子の歌声と謡の道を取材し、さらに写真と支援者の感想文を添えて新聞紙面を飾った。
上原正吉は閉店の後に「謡の道60年記念」の『愛唱歌集工工四』(声楽譜付き)を出版した。琉球民謡に愛着を持ち、手習いする人たちにとって、手本となる良い歌集といえよう。

舞芸に秘める古武道「本部御殿手」

王府時代の「御冠船」などを持ち出すまでもなく、特定の階級または民衆の娯楽、祭事、野遊び(モーアシビ)などまで、実に幅広いのが琉球芸能である。空手古武道を含めて琉球固有の文化とも言えるが、中国や日本本土から仕入れた「芸」「武」を琉球独特のものにしただけでなく、本来の祖先崇拝の手、つまり「拝み手」「こねり手」「押す手」を基本にした手法に仕上げたのが沖縄の空手・古武道、武芸である。しかもその手法は「本部御殿手」に多く秘められている。

知念久光記者は、視点として「舞に武があり、武に舞が秘められている」ことを知り、新聞社ホールや野外での演武会を通して、武術家だけでなく舞踊家からも女踊りと古武術の奥深さを感じ取ることができた。

華麗に相手の攻撃をさばく「型」としての空手もよいが、空手・武術の本当の魅力は身を守るための「実技」で、相手と如何にして闘うかにある。

向かってくる相手と同時に技を決める御殿手は王家の身を守るために生まれた「技」と「舞の手」の関連を極める武術であり、特定の「空手型」があるわけではない。そこに新聞社が注目し、実技の特集をはじめ、島袋本流紫の会琉舞練場と共催の研究発表会を新聞社ホールで開催、伝統的特色の空手古武道として紙面にも掲載し、多くの関心を集めた。

「本部御殿手」は沖縄の武術史でも代表的な武術家として知られる本部朝勇(ウメー)、本部朝基(サールー)兄弟の「秘伝武術」といわれ、それが琉球舞踊の奥手に共通する技として上原清吉へ継承された。

上原師は1961年3月に本部流道場（御殿手）を宜野湾市に設立、本部御殿手古武術協会を結成、自ら会長に就任して数多くの優秀な門弟を育てあげた。

本部御殿手の「秘伝技」は、体の線を軟らかく保ちながら、流れるようにして相手を倒していくことに尽きる。しかも傷を負わしてはいけない。いくら強くても相手に傷を負わせれば一生恨まれる。「武と舞」の関連、一致点は手の持ち方、足の運びにある。空手で、よく「先手なし」というが「武術に後手はない」が本部御殿手最高範士の教えであった。「先手なし」ではなく、御殿手は「同時手」つまり相手の攻撃と共に攻撃するのである。

華麗に相手の「手足」「刀」「槍」攻撃をさばき、同時に技を決める御殿手は、太刀や鉈（ナタ）、イェーク（櫂）、ヌーチク（ヌンチャク）、サイ、仕込み杖、トゥイファー（トゥンファー）、ときには車棒さえ即《そく》武器となる。どの場であろうと、相手を死傷させてはいけない。したがって、武技の鍛錬は稽古場、狭い道場に限らず浜辺や野原、森陰などが含まれていた。

上原清吉師自身、体に無理をさせずに武の道にいそしみ、96歳を過ぎても道場で卓越した「技」を教授し、その存在は琉球古武道の達人として広く知られるようになった。19歳のとき首里城南殿で、喜屋武朝徳師など並み居る武人たちの前で演武して賞賛を浴びたという話は、武道界で広く知られている。

１９６５年４月20日、多くの武道家を集めて「全沖縄空手古武道連合会」を結成し、自ら会長となり、称号段位実技審査委員長の要職に就いた。演武は県内に限らず大阪、九州各地で交流を重ね、台湾の嘉義市では伝統の「唐手」名手たちと「技」の合同研究会を持ち、琉球古武道の認識を深めた。

その後も「聖道館」道場で門弟を育てたが２００４年４月３日、満百歳であの世へ旅立った。空手古武道が見直されようとする今日、門弟は一貫して、御殿手古武道の修練を積み重ねている。久光記者は実技者を取材、「空手古武道」の特集紙面に武の特質を掲載した。

人権問題と報道の範囲

生きるための権利

女性の感性で捉えた「人権問題」報道は、それなりに意義がある。南城昭枝は自らの取材と、他の女性記者たちの「人権と報道」を合わせながら考えてみた。やはり男女関係、家庭環境の課題は他県紙報道を含めてさまざまであることを認識させられた。

中城の民家で、70歳代の女性が息子に包丁で刺され、病院搬送後に死亡した事件があった。生きる望みを失った息子が、自分も死ぬ気で刺したが死に至らず取り調べを受けた。家が貧しい上に、父は仕事上の差別を受け入れることができず身体を壊し、数年前に死亡した。周辺の眼があまりにも冷たく、息子も母も生きる望みを失い、息子は包丁で母を刺し、自分も死のうと思って胸に当てたが死ねなかった。

正面切っての人権侵害ではないにしても、悲しく痛ましい人権問題である。人権と生活は切り離せない。言うまでもないが、強盗や殺人、放火とは異なる。どうすればこのような事件を無くする社会がつくれるのか。

貧しさを乗り越えて生き抜く。人権とは貧富、男女、子どもから老人まで、すべての人が生まれながらにして持っている、生きるための基本的な権利である。国際連合(国連)によると「人種、性、国籍、民族、言語、宗教、社会的地位にかかわらず、認められる権利」ということになる。人権は、生命や自由に対して意見することや表現することの自由、働く権利さえ持つことになる。ちなみに国連は、アイヌ人差別、沖縄問題などを論じたこともある。

かつての戦争などによる数々の虐殺や迫害の歴史を顧みて、1948年12月10日の国連総会で「世界人権宣言」が採択され、その日を「世界人権デー」として、いろいろな記念行事がおこなわれている。

しかし、近年、世界はデジタル社会になって、個人情報保護の重要性が、改めて注目を集めている。個人情報が保護されにくくなって、行動や表現の監視、自由な思想に対する介入といった人権侵害だけでなく、個人情報が政治的・社会的に悪用され、逆に生命の危険といった恐れもある。

人権が侵害されたり、人権が尊重されない状態になれば、個人と個人という関係だけでなく政府と個人、社会と個人など、さまざまな状況で問題が起こる。新聞記事と個人、団体の関係も含まれよう。たとえば武力紛争や民族弾圧、難民状態、人種差別、男女の性的指向、劣悪な雇用の報道まで関わってくる。

人権問題を念頭に、新聞では事件事故の実相を報じ、実名報道の可否を原則として、犯罪が確定しない場合は匿名としている。しかし被害者が性的被害の場合や加害者が再び社会に被害を及ぼす恐れのある場合、あるいは被害者が実名を拒否するときは「配慮」する。

こんな事件があった。夫が浮気、家出をしたので貧困に耐えられず冬の寒い季節に妻と子ども2人が沖縄東海岸に身を投げた。さいわいと言うか、通り過ぎようとする漁船に救われて母親は助かったが、子どもは既に息絶えていた。子どもの死亡確認のあと、母は介護病院へ連れ戻された。死亡した子どもの実名はともかくとして、新聞は母親の実名を出すべきか、匿名にすべきかの人権的判断が示された。一応、昭枝記者たちは匿名にして報道した。しかし、ある公的資料には母だけ本名で出ていた。判断の難しさを示す一例であろう。

「真実を伝える」その模索

「実名か否か」と関連して、昭枝たちの新聞社内で話題となったのは、京都のアニメ制作会社の放火事件であった。２０１９年7月16日の京都アニメーションへの放火で死者36人、重軽傷者も多く出した。犯人は「応募した小説が盗まれたから」と言い、放火殺人として最大の事件とさえ言われた。新聞の報道では、犯人（41歳）の実名は出したが「被害者の実名を出すか否か」が問われた。けっきょく遺族の意思に随うしかなかった。

もう一つ、三重県で起こった「少年（当時高校3年生）による15歳少女殺害」事件で、すでに死亡した被害少女の実名を出すかどうかが問われた。２０１３年8月、15歳の娘が行方不明になって4日目に、遺体となって見つかった。マスコミの取材を含めて、被害者の家屋周辺が騒々しくなった。マスコミ関係者から、捜査を進めていた県警を通して「本人の実名を公表していいか」と聞かれたが、娘の親たちは「嫌です」と、ただ泣くだけであった。しかし新聞は、少女がすでに死去していたので実名で報道した。

加害者の少年は逮捕されても、例の「少年法」によって名前は伏せられた。加害者も被害者も未成年だが、死んだ被害者だけ本名となった。「少年法」というこの法律は娘の遺族の心情を酌んでくれなかった。

被害者の親は、後の取材に対して「マスコミについては考え方を変える部分もありました。話していて涙ぐむ女性記者もいたし、結局は人と人です」と、こころの中を語り「あなたたちの仕事は人を生かすも殺すもできる。新聞、活字の力はすごい。それだけは忘れないで」とも付け加えた。

妻を殺して夫も自殺

既に暗くなっていたが、「夫が妻を殺した」と住民から聞きつけた知念久光記者が車を飛ばして、その家を訪ねた。屋敷の入り口はゴミゴミして通りにくい。門燈どころか家の中もよく見えない。

「ごめんください」

玄関をがらりと開けて入ろうとした途端、頭にゴツンと何かに当たった。目をこらしてみたところ、なんと人体が目の前にぶら下がっていた。

「うわぁー」と、思わず出かかった声をおさえ、改めて見たら、ぶら下がっているのは男性であった。夫が妻を殺して自分は玄関の上に縄帯を掛けて自殺したのだ。普通の人なら、多分腰を抜かしたであろうが、そこは新聞記者、まもなくサイレンを鳴らしてきた警官とともに状況を調べ、さっそく取材した。このような記事は、早まってもいけないが、と言って遅くするわけにもいけない。家の写真とともに警察の状況調べを聞き、匿名記事にした。

もう一つの記事は、妻の殺人未遂である。宜野湾市内で、同居する70代の夫の後頭部を、妻が鉄アレイを持って殴打し、妻が逮捕された。妻(72歳)は「殺すつもりだった」と泣きながら容疑を認めたものの、夫は命に別条はなかった。妻は半身不随で、夫とともに死のうと思ったという。障害のある自分と夫との暮らしに耐えられなかったのである。宜野湾署はそのわけを聞いて、逮捕同日に釈放し、身柄不拘束のまま取り調べをした。

被害者の人権を守るのは当然だが、加害者の人権はどうだろうか。正当にいけば、リンチを受けるのではなく、逮捕され、取り調べを受け、送検され、裁判を受けることであろう。それで「人権が守られている」ことになるが、現実はそのワクをはずれることもしばしばである。その内実を掘りさげることも新聞記者の「目」であろう。

警察担当の知念久光記者は、取材しながらそう考えた。

最近よく子どもの非行や大人の暴力、セクハラなどが報道されるのは、社会問題と深い関わりがある。

昭枝たちは、新聞記者として沖縄の社会を取材しているが、それでもひとりの女性の目で「世の中」に触れることは大切だと思っている。もちろん久光のように男性記者は男性記者としての立場で取材しているが、それは決して男女差別ではない。社会的に見て、男と女の違いはどこにあるのだろうか。

ひとつの芸術活動として、女性たちの絵画を集めた「女流美術展」がある。評論も活発だった。ある男性画家が「男流美術展はないのに女性だけか」と意見した。すると、「自立する女性への無自覚」と新聞への投書があった。反論はなかった。

政治の裏表、新聞の取組み

報道の幅は広がる

　最近の新聞は、一つひとつの政治問題にこだわりながら、幅広く学者や評論家も引き込んで論評することが多くなった。まさに活字媒体ならではの取組みである。その一例が「改憲論議」「辺野古、普天間基地問題」であろう。総理による「桜を見る会」などにも多くの批判があり、まさに社会の裏表、人騒がせな「新型コロナウイルスの世界的流行」（パンデミック）への取り組みなども紙面にあふれた。

　ひと昔前の新聞はニュースを主眼にしていたが、最近は解説的な報道が多く目につくようになった。衆議院議員のカジノを含む統合型リゾート施設（ＩＲ）事業への関連、その他、政党関係、日中関係、選挙関係など、紙面の報道幅は限りなく広がる。政治、社会、経済の裏表、それへの見解を示す「社説」や「表層深層」「単眼複眼」のような、記者たちの署名記事も読者をひきつけるだろう。

ニュースと解説も複雑化

昭枝たち女性記者仲間でも、こうした最近の政治、社会ニュースと解説の扱い方について特に話題にすることが多い。

新聞記者は、情熱とロマンを持って事件に当たり、さまざまな人たちと出会い、取材して、ネタを取ってくる。新聞は、ネット社会になっても基本は昔のままの活字媒体であるが、政治家や警察のおこぼれをもらうだけのニュースでは通用しなくなった。それほど世事は複雑化している。

国会で、選択的夫婦別姓導入の質疑で、「別姓が結婚の障害になっている。導入すべきである」との男性議員（玉木雄一郎）の意見にやじが飛んだ。その言い分に「だったら結婚しなくていい」と声を出したのが女性議員（杉田水脈）である。すると「あのやじはひどいのではないか」と問題になった。別姓案は強制ではなく、選択制だが、現代社会の論点になっているのは間違いない。

「同性結婚」も同様であろう。男と男、女と女の同性が正式に結婚できるかどうか、政治判断が問われている。民法の一部を改正する法案（婚姻平等法案）が提出された。提出者の一人である女性議員（尾辻かな子）は「同性同士が結婚できないというのは不平等である」と説明している。もう一人の女性議員（西村智奈美）も「一人ひとりが生きやすい社会を作ることが、国会議員の責任です」と訴えた。男性議員からは「同感」と「否定」の意見が出た。

憲法24条に「婚姻は、両性の合意のみに基づいて成立」とあるが、取材しながらいろいろ情報を求めたら「賛成」「反対」など、さまざまな意見が交錯している。反対の理由は「日本の伝統的な家族制が失われ、男と女の愛情、夫と妻の立場が壊れ、奇妙な社会になってしまう」だった。しかし新聞社などの世論調査では若い人の多くが同性婚に賛成する結果が出ている。

ちなみに、世界へ目を向けると同性同士の結婚を認めた地域はオランダをはじめ、台湾にも及んでいる。

新聞は、取材で努力した成果がそのまま記事、もしくは解説となる。政治への目が厳しくなるのは当然であるし、市町村民、県民、国民の投票によって政治を任された議員たちへの関心を高めるのが、民主主義の根底であろう。しかし、政治家は、マスコミへの答えを曖昧にすることも珍しくない。

参議院選挙運動員への手当をめぐる公選法違反容疑で、地検に家宅捜査された自民党の河井克行元法務大臣と妻の案里参議院議員の「説明」がそれに類する。２人はマスコミの取材に対応したものの「捜査中」を理由に、肝心の事実関係を明かさず、克行は「捜査終了後、きちんと説明する。刑事告発されており、捜査に支障を来すのは控えるべきだと考えた」と言う。

案里は「捜査の妨げになることはできない。捜査機関に事実を洗いざらい説明して欲しい。厳正な捜査が最も客観的だと考える」と述べて核心にふれなかった。

これには、自民党も「世論の反発」を懸念し、野党側は「国会の政治倫理審査会での説明を求める」と要求した。結論はともかくとして、政治家のある一面を示しているのは確かである。

政治家とは、「職業ではなく生き方である」と言う人がいた。「政治家の妻たち」についても同様である。政治家の妻と夫の裏話は、たびたびマスコミの紙面に出る。

「自民党の小泉進次郎とフリーアナウンサーの滝川クリステルの交際は、小泉と親交の深い菅義偉官房長官もピンと来ないほど突然の発表だったたったらしい。彼は男性議員の〝産休〟実践者でもある」

「彼のニューヨークでのセクシー発言など聞いていると、政治家が何を考えて、何をするか、国民にはわからないことが多い」

「かっての、後藤田正純衆議院の夫人は〝きれいなおねえさん〟で有名な水野真紀だったね。一児の母でありながら現在もドラマなどで活躍している」

「文部科学大臣を務めた馳浩衆院議員の妻はタレントの高見恭子。馳がプロレスラーだったころに、彼女が惚れて結ばれたらしい」

「11月22日の〝いい夫婦の日〟に、いつだったか表彰されているよ」

「船田元・元経済企画長官は、NHKキャスターで、参議院も務めた畑恵と結ばれた」

「当時はたしか、新聞ダネにもなったが、船田は再婚だったね」

「自民党幹事長だった石原伸晃は日本テレビ社員時代に、タレントの田中理佐と結婚した」

「大塚拓衆院議員は、衆院トップ当選したテレビアナウンサーの丸川珠代と、田畑裕明衆院議員は〝いい夫婦の日〟に宝塚歌劇団の内田もも香と結ばれた。外務政務官の辻清人の妻はアナウンサー出田奈奈だ。それぞれに名を残しているね」

　昭枝たちはさすが女性記者、議員名簿の資料を見ながら「政治と結婚」「政治家の妻たち」の話題は次から次へと尽きることがなかった。

活字が示す社会事情

子どもの非行化、銀行強盗、暴走族、そして政治家のエゴイズムのほか、「防衛省の防衛費5兆3千億円超す」「韓国からの観光客が減」「消費税で公共料金値上げ」「オスプレイ深夜飛行増」など、世の中は騒々しくなった。その実態について、記者同士の取材は広がっていく。戦後は社会のモラルが落ちたことを嘆く声も多く聞く。県庁担当のある記者が取材で言われたという。

「政治家の行き過ぎ話、スキャンダルなど、ありふれた話でも、そりゃあなた方マスコミが書きすぎないか」と、県庁職員の先輩が紙面に指をさした。

「政党関連、政治姿勢など、あまりにも偏りすぎないか」とも言われた。「新聞の政治記事と天気予報は当たらない」との、半分皮肉めいたことを言う政治家もいる。

「新聞は社会状況を報道するのであって、どうしてマスコミが悪いのか。自分たちの政策反省もなく、新聞への偏見がまかり通っているのよ」

昭枝の意見に、みんな「そうだ、そうよ」と声を揃えた。ただ、マスコミが芸能人や有名政治家のプライバシーまで踏み込んだ記事がないとは言えない。ときに男女関係やセクハラなど、プライバシー保護に反する記事があることは否めない。

荒れた社会の現状を憂えることは分かるが、それを単にマスコミのせいにしているのはおかしいと昭枝は思ったが、あとで考えてみると、マスコミを非難した政治家と取材記者では思考の違いがあることに気づいた。とくに政治権力は、自分の政治的発言を問題視してマスコミが取り上げたからと言って、本人は間違っているとの認識は持ちにくいであろう。

北方諸島を手に入れるために、現地の近くで公衆を面前にして「戦争を仕向けてでも北方4島を取り戻さねば」と、発言した日本の衆議院議員がいた。多くの新聞が記事にした。しかし一部で「言論の自由ではないのか」と、不問にする動きがあった。

昭枝は、記者仲間に問題を投げかけてみた。

「怖いのは、戦争を容認する議員の発言さ。議員は選挙で選ばれるのだから国策にも反映する。とくに地上戦で大きな犠牲を受けた沖縄にとって、戦争は絶対反対だよ」

「新聞も民主主義を強調して、戦争はイヤだ、と世界へ向けて述べないといけない。権力に媚びて民衆の方向を誤らしてはいけない」と他の記者たちも同調した。

新聞記者は民衆の意向を知り、そこから取材のスキルがかなり高くなり、議員の発言や態度から、その意図を感じ取ることになる。


ともあれ、最近の若者は「活字離れ」「新聞離れ」現象も見えると言われるが、新聞が示す「戦争反対」「平和指向」の世界ニュース、解説、評論は見落とされることが多々あるように思える。

とりわけインターネットが普及してから若い世代には、情報は無料で入手できるものだと思い込んでいる人が多くなっている。

「新聞や雑誌、テレビなどを含めて、既存メディアの報道は弱体化しつつあるね」

「メディアは良質の、わかりやすい論文、意見、記事が必要でしょう。インターネットの新聞記事引用料金をとれないかしら」

そのような、隠された意見もあるが、ネット化によるさまざまな問題があるにせよ、活字が示す社会事情はいつでもだれもが知ること、読むことが出来る資料である。

「新聞は変わる時代の確かな目」この新聞標語から大学で学んだ「戦前、戦中の新聞」「現在の言論」への流れなどを連想しながら、女性記者昭枝たちは取材を続けている。

「あとがき」として

新聞標語に映る新聞の姿

毎年10月15日から1週間、日本新聞協会が主催する「新聞週間」がやってくる。新聞週間を迎え、昭枝たちは「新聞標語」について、さらに考えてみた。週間中に新聞大会、新聞配達の日、新聞広告の日などの関連行事のほか、読者を対象にしたイベントも開催する。「活字離れ」の傾向が見えたりしても、やはり新聞が果たす役割は大きいと、記者たちは信じている。新聞週間になると、標語が決まる。たとえばこういう標語である。

「新聞を開いて僕《ぼく》は世界を知った」

新聞紙面を拡げると、おおよその区分であるが、総合1面に社会的な影響を持つニュース、課題、時に個人の社会的出来事などが写真とともに大きく取り上げられ、下欄にはベテラン記者の「社会感想文」、つまりコラムなどがある。2面も「総合版」だが、1面に関わる内容や解説などが多い。5～8面は別のニュースと政治、経済記事、社説、読者による「論壇」と読者の投稿、主張や意見などの特集である。国際、世界的ニュースでほとんどを占める面もある。後はスポーツ、芸能、文化、読書、ひと・暮らし、健康問題、地域通信による「地方版」、最終社会面に「事件」「事故」「社会的話題」テレビ・ラジオ番組などとなる。紙面も特殊な例を除けば28面から30面ほどまで広がる。記者仲間たちでさえ「広がりすぎる」と思うときがある。

ある年の新聞標語の佳作は「生き方はひとつじゃないと知る紙面」だった。いずれも、現在の新聞のあり方を示しているようでおもしろい。

新聞は社会の「鏡」か

以前から「新聞は社会の鏡」とか「真実の報道」という表現が多く使われた。では、新聞は本当に「社会の鏡」だろうか。人間社会のことを大なり小なり紙面に反映させているので、たしかにある種の「鏡」ではあろう。

「鏡は鏡でも、あるがままに映す鏡もあれば、曇った鏡、デコボコ鏡、物をゆがめて見せる鏡、小さく見せる鏡、拡大にする鏡、斜めから映す鏡、そして色をつけたりする鏡など多種多様」「むかしから魔法の鏡があった」などと、ある皮肉屋が週刊誌に書いていた。

別に新聞に限ったことではないが週刊誌、月刊誌も同様「さまざまな鏡」がある。ヤナカーギー（醜女・醜男）を美女美男に見せる鏡もあれば、チュラカーギー（美女・美男）を醜女・醜男に映すことも可能である。そこに出てくるニュースとか解説、意見などによって物の見方、考え方、世界観もしくは人生観にはまってしまうことだってある。

事件の大小はあるが、新聞記者の「特ダネ」合戦は、「不倫、不戦、火事場泥棒」というだけではない。

「なぜ？」を問う戦後の新聞は、とくに「戦争反対の平和志向」が強くなった。「核兵器」「宇宙戦争」などの言葉が飛び交う現在、日本の新聞の論調もそこに向いている。言論については、政治家や有名人の発言が狙われていて、どこにもありそうな政治問題、戦争肯定、否定に関する内容は、「鏡《カガミ》」として大きく報道される。

政治家は国の鏡であるから、「妻子がいるのに政府行政の部長が部下の女の子と酒屋で遅くまで飲んでいた」「夫がいながら男とホテルにいた女性議員」といったことまでニュースになる。

他県の新聞を見ても「妻を死に至らしめた、バイトとの夫の行為」（宮崎）、「不倫旅行による殺人」（京都）、「性的関係にあった男性弁護士の局部を切ってトイレに流した」（東京）、「金沢湯けむり不倫旅行」（石川）など、拾い上げればキリがない。アメリカでも「ＣＩＡ長官の不倫事件」で改めて男女問題をどう認識するのか、話題になった。

新聞は、政治問題だけでなく、政治家の「不倫」「暴行」「家庭」にどう対応したらいいのか。政治家の夫、または妻が不倫をしている事実を見つけたときは、当人にすれば大変な驚きであろうが、と同時に、慰謝料を請求するとか、離婚するとか、自分も不倫をして許すとか、裁判問題にするか、人さまざまな対応の仕方があるらしい。

夫婦仲がよかった女性が、夫を亡くした数年後になって、夫に別の女性がいたことが分かり、「裏切られた」として警察に訴えた例もある。しかし夫は罪にはならなかった。一般の不倫なら例えば死傷とか殺人、放火などの異常事件を伴わないかぎり、新聞ダネにならない。

昭枝の先輩女性記者が、かこみ記事に「記者の目」を書いていた。「記者の財産は、さまざまな人との出会いだ。島でたくましく生きる人たちとの出会いは特にパワーがあり、元気をもらって帰る」と、離島勤務で得た地方政治の課題、事件事故、男女関係の感想を記事にしてきたという。

近頃の新聞は、取材記者の名前を付して「記名記事」にしたのが多くみられる。「記事は記者の責任」という意味が込められているのかも知れないが、記事も幅広く、多岐にわたるので、さまざまな社会に対応しながら、そして機微に触れながら、記者の責任で取材せよとの「編集意図」であろう。

沖縄の新聞、そのあり方

昭枝は興味深い本を手にした。『沖縄の新聞は本当に「偏向」しているのか』（朝日新聞社出版）というタイトルで、静岡県生まれのジャーナリスト（安田浩一）の著である。内容を見ると「沖縄に向けられる差別の視線」「捨て石にされ、主権を奪われ続ける島」「沖縄と地元紙がたどった軌跡」「ないがしろにされる自己決定権」「キチタン（基地担当）記者と権力との攻防」「地元保守による新報・タイムス批判」「歴史の視座から見えてくる沖縄問題」など、新聞が抱える問題点に鋭い視線を向けている。

日本国土の0・6パーセントの面積に、73・8パーセントの米軍基地が存在する沖縄で、記者がやることについて地元記者に話を聞きつつ、その背景と基地担当記者の報道姿勢を手際よくまとめてあり、社内の話題となった。女性記者との対話でプロローグにこんな一文がある。

「漠然と記者を目指した少女は、いま、地域の鼓動を感じながら沖縄を書き続けている。その姿を、こころざしを、熱と足音を、私は伝えたい」

さらに「戦争を知らなくても、戦争へと続く道は目の前にある。オスプレイの爆音で小刻みに震えるコップもまた、彼女にとって、小さな戦場だった。彼女はそれを伝え続ける。沖縄で生きていくために、沖縄を伝えるために、ぶれるわけにはいかないのだ」と記してある。書の巻末では「沖縄の記者は、沖縄で沖縄の苦渋を取材しながら、沖縄をさらに知っていく。そして、その場所から沖縄を発信していく」と書いてあり、記者としての軸足と地方紙の役割を示しているように思えた。

もう一冊は、本土出身の記者たちが沖縄とジャーナリズムを語る『沖縄で新聞記者になる』(ボーダー新書)である。基地問題を焦点に、沖縄と本土の心理的距離が漂うなか、沖縄の新聞記者として他県から来た彼ら彼女らの立場はどうだろうか。県内で取材して、ヤマトの属性が微妙に働くことは想像できる。どこがどう異なるのか。

沖縄で記者になりたいという志望はいろいろあるだろうが、あえて「ウチナーひいき」を使おうとすれば、かえって地域に溶けにくい。筆者（畑仲哲雄）の目次にもあるように、ヤマト属性の気後れ、沖縄への「同情」と「理解」を示そうとすれば「本心から沖縄のことを思うなら米軍基地を持ち帰れ」と言われたとの話も載っている。『沖縄に惹かれた』と言っても、差別感が重なってくるのは事実であろう。

本土出身記者たちが心情を示す、属性と違性の一冊である。だからこそ、昭枝たちも読むほどに、ヤマト記者の気質が汲みとれるのである。

「確かにいい書物ではあるが、沖縄の歴史的内面、平和志向の沖縄文化の存在に触れて欲しかった」とも思った昭枝は「他県の人がこの書を読んで、沖縄の実態と沖縄の記者たちの苦悩にみちた取材が解るだろうか」と、記者仲間と話し合った。

歴史的に見て沖縄は王府時代から「戦争」を避けて生きてきた。その足跡を踏まえて、基地反対と権力、つまり日本政府と米国政府の言い分を分析する部分があった方が、沖縄の基地問題を考える上で大事である。

「差別の視線とどう向き合っていくのか。反対のための反対ではない」

「とりわけ著者の思索の方向性と今後の可能性を示している点で興味深い」

新聞記者としての立場から、昭枝たち現役記者にもいろいろの意見や感想があって、新聞社内で論議はつきそうにない。

昭枝記者は『沖縄の新聞は本当に「偏向」しているのか』と『沖縄で新聞記者になる』を何度も読み通して、自らの取材を含め、新聞記事にするまでの流れをかみしめた。

女性記者としての感性、男性記者たちの取材に差違があろうはずがない。

昭枝たち女性記者は今日もまた、新聞記者としての立場を堅持しながら、差別感をすてて「女性の眼で社会を取材」している。


（完）

解説　［現代新聞物語］

新城和博（ボーダーインク）

宮城鷹夫さんの話を聞いていると、その話題の広がりが、柔らかな語り口ながら、沖縄の近・現代史を自然に網羅していることに気づく。沖縄古来からの風習、芸能、武道といった民俗・文化的なことから、戦前・戦後の沖縄社会が歩んだ苦難の歴史にいたるまでの、ほぼ一世紀にわたる出来事を、自らの記憶として体感しており、かつその内容を、ジャーナリストの視点をふくめて語っているのである。これはあらためて考えてみると、驚異的なことではなかろうか。

今回、数え98歳になられた宮城さんから、あらたに原稿をまとめたというお話を聞いて、そのモチーフに少しびっくりした。「沖縄の新聞社で活躍する女性記者の視点で現代沖縄の社会、世相を描いた【現代新聞物語】」。なんと小説風の内容というではないか。「小説風」というのがみそで、「広い意味でのジャーナリズムの意味を込めた」と、「編者のことば」で書かれておられるが、主人公・南城昭枝をはじめとする、女性新聞記者たちが取材し、悩みながら記事としてまとめた数々の出来事のほとんどは、現実の出来事をベースにしている。しかしそこに「ものがたり」としての彩りが加わり、フィクションとノン・フィクションが混ざり合い、宮城さんが今だからこそ語り残したい、問題提起したい内容となっている。

扱われているトピックは、歴史的かつ現代的で幅広い。沖縄のみならず、日本・世界が抱える社会的課題について、ジャーナリストとして書かずにはいられなかったのだろう。そしてその原点には、沖縄のジャーナリズムが絶対に忘れてはならない「沖縄戦」があるのだ。そして今回、主人公を女性記者たちとしたのは、「沖縄が抱える、現代マスコミのあり方」の未来は、フェミニズムの視点が欠かせないという想いからではないだろうか。

２０２０年春から初夏にかけて新型コロナウイルスが世界を席巻しているなか、宮城鷹夫さんはこのものがたりをまとめた。

宮城鷹夫の本

沖縄・わが心のうた声

郷土の誇りと新鮮な感動を与え続ける宮良長包音楽。その音楽活動と人生の歩みを初めて明らかにする。(1975年　オーガン出版局)

白装束の女たち

神事・イザイホウとは神秘的な祈りと踊りであった。日本の根源的な生活を象徴する久高島の秘祭と自然をレポート。(1975年　オーガン出版局)

琉歌・久米島そぞろ歩き

久米島の自然の中に育った琉歌の数々に古代の歴史が秘められていた。島に魅せられてその内面にせまる一冊。(1982年　オーガン出版局)

沖縄から見た台湾

日本の植民地だった台湾。その功罪を含めて当時の教育と社会から「沖縄」とのかかわりを描いた体験記。(2009年　講談社)

変転沖縄・その戦後

波乱があった。悲しみがあった。孤独があった。差別があった。「教育」「中国」「芸能」の内面から、戦後沖縄の実像に迫る。（２０１０年　近代文藝社）

時代の風音

流れゆく時代の風音に思わず笑いたくなる話、むかしの習俗や物語にかかる隠れ話と「しまくとぅば」まで硬軟とりどり。（２０１４年　ボーダーインク）

琉歌にひそむ昔びとの物語

奄美から那覇、沖縄島北部、中部、南部、宮古、石垣、与那国の島々まで。どこにも歌謡と民話がひそんでいた。書きためた一人歩きの冊子。（２０１７年　ボーダーインク）

花のかじまやー

老いてカジマヤー、泣いて笑って独り言。晩年の向かい風の中を自分の歩幅、自分の速度で書き続けた男のロマン・カジマヤー人生物語

宮城鷹夫（みやぎ　たかお）

沖縄県佐敷生まれ 98 歳。ジャーナリスト。
台北師範学校本科卒業。植民地時代の台湾で民俗と歴史文化を学ぶ。戦後、米国民政府情報教育部（CIE）を経て沖縄タイムス記者、論説委員長、主筆、代表取締役専務、タイムス総合企画社長を歴任。長く文化活動に関わり、現在、沖縄県文化協会顧問、沖縄県南部連合文化協会名誉会長、南城市文化協会名誉顧問。秘伝古武道本部御殿手範士、全沖縄空手古武道連合会最高顧問。沖縄県文化功労賞（2001 年）、文部科学大臣賞（2004 年）。沖縄県功労者（2017 年）

[現代新聞物語]
私たちは新聞記者　女性の眼で社会を取材

2020年5月20日　初版第一刷発行

編　者　宮城 鷹夫
発行者　池宮 紀子
発行所　（有）ボーダーインク
〒902-0076 沖縄県那覇市与儀226-3
tel098-835-2777　fax098-835-2840
印　刷　でいご印刷

　ISBN978-4-89982-382-7　C0295

ボーダー新書